AF564301

MAURICE DONNAY ET LUCIEN DESCAVES

OISEAUX DE PASSAGE

PIÈCE EN QUATRE ACTES

Représentée pour la première fois au Théâtre Antoine,
le 4 mars 1904.

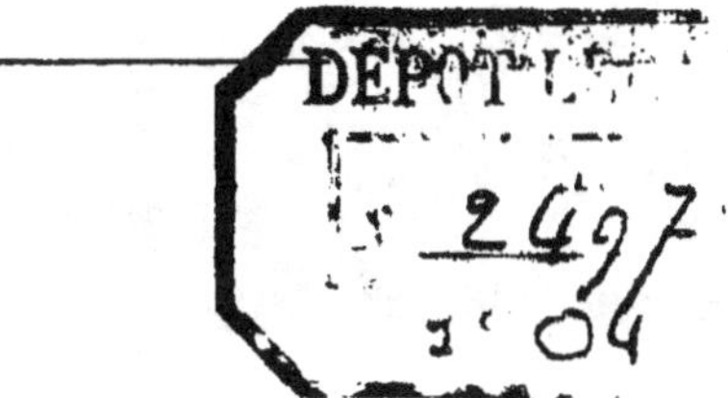

PARIS
LIBRAIRIE CHARPENTIER ET FASQUELLE
EUGÈNE FASQUELLE, ÉDITEUR
11, RUE DE GRENELLE, 11
1904

Couseur la Caisrotan

1346
134

MAURICE DONNAY

et

LUCIEN DESCAVES

OISEAUX DE PASSAGE

PIÈCE EN QUATRE ACTES

PARIS

EUGÈNE FASQUELLE

OISEAUX DE PASSAGE

IL A ÉTÉ TIRÉ DE CET OUVRAGE :

10 exemplaires numérotés sur papier de Hollande

et 12 exemplaires numérotés sur papier du Japon.

MAURICE DONNAY ET LUCIEN DESCAVES

OISEAUX DE PASSAGE

PIÈCE EN QUATRE ACTES

Représentée pour la première fois au Théâtre Antoine,
le 4 mars 1904.

PARIS
LIBRAIRIE CHARPENTIER ET FASQUELLE
EUGÈNE FASQUELLE, ÉDITEUR
11, RUE DE GRENELLE, 11

1904

PERSONNAGES

GRIGORIEW.	MM. CHELLES.
JULIEN	GRAND.
GUILLAUME.	ANTOINE.
CHARLES	MATRAT.
ZAKHARINE	SIGNORET.
LE FACTEUR	TUNC.
JOSEPH	VERSE.
VERA LEVANOFF.	Mmes VAN DOREN.
TATIANA	MELLOT.
MADAME LAFARGE.	GRUMBACH.
GEORGETTE.	ANDRÉE MÉRY.
LOUISE	DENÈGE.
MADAME DUFOUR	MILLER.
UNE FEMME DE CHAMBRE. .	BARSANGE.

Le temps de l'action est en 1881, *au premier acte,*
et en 1882, *aux actes suivants.*

OISEAUX DE PASSAGE

ACTE PREMIER

Un salon de pension de famille, au bord du lac de Genève, dans le canton de Vaud. Meubles d'acajou; canapé, fauteuils et chaises recouverts de velours grenat. Chaque siège est, en outre, illustré d'ouvrages au crochet; il y en a jusque sur les bras des fauteuils. Sur un vaste guéridon, une énorme Bible, des livres et des journaux; quelques fleurs dans un vase. Aux murs, de vieilles et mauvaises gravures, entre lesquelles brillent, sur des cartouches de piété, des exhortations tirées de la Bible, telles que : « Donnez-nous aujourd'hui notre pain quotidien. — Combats le bon combat de la foi. — Si Christ est en toi, tu es une nouvelle créature, etc. »

Large baie vitrée, au fond, qui permet à la vue d'embrasser le lac de Genève et la chaîne des Alpes. Porte donnant sur un perron et sur le jardin. Autre porte à gauche, faisant communiquer le salon avec la salle à manger.

SCÈNE PREMIÈRE

MADAME LAFARGE, CHARLES, GUILLAUME, GEORGETTE, LOUISE

Au lever du rideau, Madame Lafarge, Charles Lafarge, Guillaume, Georgette et Louise sont en scène.

Madame Lafarge est inactive dans un fauteuil. Louise consulte des cartes, un guide. Georgette ne fait rien et Guillaume, debout sur le perron, au dehors, contemple le panorama.

CHARLES, à sa femme.

Tu es bien là?... Tu ne sens pas trop d'air? Veux-tu qu'on ferme la porte?

MADAME LAFARGE

Non, non, ne vous occupez pas de moi... je suis très bien.

LOUISE

Ma tante, veux-tu que je te fasse une lecture?

MADAME LAFARGE

Je te remercie, ma petite Louise, pour le moment, je n'ai envie de rien.

(Louise échange avec son oncle un regard désolé.)

CHARLES, à Guillaume.

Eh bien, qu'en dis-tu?

GUILLAUME

Je dis que c'est admirable;... vous êtes vraiment très bien ici. Et quel air on respire! Ah! c'est autre chose qu'à l'usine!...

CHARLES

N'est-ce pas? Je te l'avais écrit.

GUILLAUME

Je me méfiais; on est toujours tenté d'embellir par lettre. « A beau exagérer qui écrit de loin. » Mais vous avez eu la main heureuse : c'est la pension de famille rêvée.

CHARLES

Oui, on dit que la Suisse est un immense hôtel et que l'on n'a que l'embarras du choix;

mais la difficulté était précisément d'éviter les caravansérails...

GUILLAUME

Dont on ne connaît jamais les détours...

CHARLES

Bien qu'on y soit nourri...

GUILLAUME

Et mal nourri...

CHARLES

Oui, et les pensions dont la modeste apparence n'est pas toujours une garantie; tandis qu'ici les meilleures conditions sont réunies. Et puis, nous sommes tombés sur une hôtelière idéale.

GUILLAUME

D'ordinaire, ce sont les hôteliers qui tombent sur vous...

CHARLES

Oui. La propriétaire, madame Dufour, est une femme excellente; sa cuisine est simple, mais sincère; son café... remarquable.

GUILLAUME

Je te dirai ça quand j'en aurai bu.

CHARLES

Oui, il me semble qu'elle l'oublie. (A ce moment, madame Dufour ouvre la porte.) Ah! j'avais parlé trop tôt.

SCÈNE II

LES MÊMES, MADAME DUFOUR

MADAME DUFOUR

Ces messieurs ne s'impatientaient point?

CHARLES

Mais non, madame Dufour.

MADAME DUFOUR

Je suis un peu en retard : c'est à cause de mon petit-neveu... Figurez-vous qu'il s'est embaumé contre la barrière d'escalier!

GUILLAUME

Embaumé?

CHARLES

Madame Dufour veut dire qu'il s'est cogné contre la rampe.

MADAME LAFARGE

Il s'est fait mal?

MADAME DUFOUR

Je crois bien; pauvre petit, il se sentait tout moindre. (Elle verse le café.) Enfin! Vous n'aurez pas perdu pour attendre.

CHARLES

Nous en sommes convaincus, madame Dufour; j'allais dire précisément à mon frère que votre café n'a rien de commun avec l'infâme breuvage qui termine généralement, en tant d'endroits, le triste repas du voyageur. C'est le café dont la famille française a, Dieu merci, conservé la recette et le goût, un café sans soupçon de chicorée, un café... du café, enfin, il n'y a pas d'autre mot.

MADAME DUFOUR

Si je vous disais, monsieur Lafarge, que ces compliments, c'est un de vos compatriotes qui les mérite.

CHARLES

Ah bah ! comment cela ?

MADAME DUFOUR

Un soldat de votre armée... de votre armée qui trouva un refuge chez nous, vous le savez, pendant la guerre de septante...

GUILLAUME

Septante ?

GEORGETTE

Soixante-dix... c'est une habitude à prendre,

MADAME DUFOUR

C'est ce brave homme qui m'a donné la recette du *fin moka*, comme il disait.

GUILLAUME

Tout était perdu, fors le café ! Ah ! c'est que l'armée française, même vaincue, porte la civilisation partout où elle passe; et la preuve, c'est que nous prenons un café exquis...

CHARLES

Grâce à qui ?

GEORGETTE

A Bourbaki!

MADAME DUFOUR

Ces messieurs n'ont plus besoin de rien?

CHARLES

De rien, madame Dufour. Ah! dites-moi, le facteur n'est pas encore venu?

MADAME DUFOUR

Non, monsieur Lafarge, pas encore. Il ne passe guère avant trois heures, vous savez... quand il n'est point en retard, car il s'arrête volontiers à droite et à gauche, dans les fermes, pour prendre des commissions et les arroser.

(Elle sort.)

SCÈNE III

LES MÊMES, moins MADAME DUFOUR

CHARLES, à son frère.

Que dis-tu de ces cigares?

MADAME LAFARGE

Je dis qu'ils empoisonnent.

CHARLES

Je parlais à Guillaume.

GUILLAUME

Je les trouve parfaits. Je ne croyais pas qu'on en fumât de pareils en Suisse.

CHARLES

Si, à condition de les y apporter.

LOUISE

Où est donc mon cousin?

CHARLES, *à madame Lafarge.*

Oui, où est donc ton fils?

MADAME LAFARGE

Julien? Il est descendu à Aubonne commander une voiture... nous ferons une promenade tantôt.

LOUISE

Son café va être froid.

GEORGETTE

Mets-le au soleil!

GUILLAUME

A quelle hauteur sommes-nous ici?

CHARLES

Nous sommes à trois cents mètres au-dessus du lac de Genève, qui est lui-même à trois cents soixante-dix mètres au-dessus du niveau de la mer.

GUILLAUME

Ça fait six cents soixante-dix mètres, si je calcule bien... C'est encore assez haut.

GEORGETTE

C'est haut... mais c'est triste!

CHARLES

Tu trouves que c'est triste ici?

GEORGETTE

Enfin, mon oncle, ça manque plutôt de distractions.

CHARLES

Mais c'est justement l'absence de distractions qui fait le charme de cette villégiature.

GEORGETTE

C'est un autre point de vue, mon oncle.

GUILLAUME

Oui, et qu'il convient d'ajouter à tous ceux que l'on découvre du haut de ces six cents soixante-dix mètres.

CHARLES

Ah! mon vieux Guillaume, ta fille ne partage pas l'opinion de l'homme sage qui a dit : « La vie serait à peu près supportable s'il n'y avait pas les plaisirs. » (A Georgette.) Alors, ça ne te suffit pas d'avoir sous les yeux, à toutes les heures du jour et aux heures divines de la soirée, le merveilleux décor du lac, avec cette toile de fond, la chaîne des Alpes?

GUILLAUME, désignant la baie vitrée.

Et de ce côté, à travers les arbres, cette échappée sur Son Eminence le Mont Blanc! Plains-toi donc.

GEORGETTE

Une échappée qui revient tout le temps! C'est justement ce dont je me plains... A la fin, c'est monotone, et j'ai assez vu l'Éminence blanche.

MADAME LAFARGE

Ma pauvre Georgette, devant de tels spectacles, comment oses-tu dire : J'ai assez vu? Ah ! si, comme moi, tu ne voyais plus !

GUILLAUME

Elle a des yeux et elle ne voit pas !

GEORGETTE, *un peu confuse.*

Vous ne m'avez pas du tout comprise...

CHARLES

Ta sœur ne s'ennuie pas, elle, n'est-ce pas, Louise ?

LOUISE

Oh ! non, mon oncle, je ne m'ennuie pas.

GEORGETTE

Je sais bien, nous n'avons pas le même caractère. Louise, elle, aime la campagne, la grande nature; elle connaît les noms de tous ces pics neigeux. Chaque matin et chaque soir, elle les nomme.

GUILLAUME

Elle fait l'appel.

GEORGETTE

Absolument : la dent d'Oche, la dent de Jaman, la dent Blanche, les dents du Midi. Ah! si j'ai une dent contre les Alpes, elles me le rendent bien!

LOUISE

C'est si beau! Le soir du 14 Juillet, il y avait de grands feux sur les montagnes, de grands feux rouges dans la brume. Puis la lune s'est levée, sur le lac... c'était admirable!

GEORGETTE

Oui, tu te plais à la contemplation des fiers sommets; ton imagination a des ailes d'aigle et des pieds de chamois. Moi, je l'avoue, je suis plus terre à terre. Je me sens écrasée par ces murailles gigantesques...

LOUISE, riant.

Oh! écrasée...

GEORGETTE

Humiliée, tout au moins.

CHARLES

Je sais bien ce qui t'humilie : ce n'est pas

la majesté des montagnes, mais les conditions modestes de notre pension.

GEORGETTE

C'est vrai. On croirait que nous n'avons pas le moyen de payer davantage.

CHARLES

Eh bien, où serait le mal? Ton père et moi ne sommes pas millionnaires.

GEORGETTE

Séparément, non; mais à vous deux...

GUILLAUME

Tu ne te corrigeras donc jamais, ma pauvre Georgette, de ta déplorable vanité?

CHARLES

Mais si, elle s'en corrigera; c'est encore compris dans le prix de la pension. Regarde les exhortations qui tapissent ces murs : « Donnez-nous notre pain quotidien. — J'ai vu tes larmes et je te vais guérir. » Si ce n'est pas édifiant! Il y en a comme cela dans toutes nos chambres!

GEORGETTE, *montrant un gros livre.*

Et si la provision ne te suffit pas, tu peux en pêcher là-dedans tant que tu voudras.

CHARLES

Cette vénérable Bible est en effet très poissonneuse.

GUILLAUME

O douce simplicité, esprit pacifique, mœurs champêtres et protestantes, Bible et laitage! Heureux pays dont les habitants se contentent de leurs cascades naturelles!

(Sur ces derniers mots, Julien est entré.)

SCÈNE IV

LES MÊMES, JULIEN

CHARLES

Eh bien, Julien, tu as commandé la voiture?

JULIEN

Oui, papa; le char, comme ils disent ici, sera au bas du jardin à quatre heures.

LOUISE

De quel côté irons-nous?

JULIEN

J'ai dit au voiturier que nous irions du côté de Gimel.

LOUISE

Je lisais justement dans mon guide que c'est l'endroit d'où l'on voit le mieux les masses sombres des derniers contreforts du Jura.

GEORGETTE

Quelle chance! Donnez-nous notre excursion quotidienne.

GUILLAUME

Et délivrez-nous des pourboires. Ainsi soit-il!

LOUISE

Dis donc, papa, tu ne sais pas ce que nous avons projeté?

GUILLAUME

Non.

LOUISE

Il faut absolument que tu nous emmènes voir la Jungfrau.

GUILLAUME

Alors, ce n'est pas un projet, c'est une décision.

LOUISE

Oui. J'ai pioché l'itinéraire. Nous allons en chemin de fer par Lausanne, Fribourg, Berne, jusqu'à Thoune. Nous traversons le lac en bateau et nous descendons à Interlaken. Là, nous sommes au cœur même de l'Oberland... D'Interlaken, nous pouvons aller en voiture jusqu'à Lauterbrünnen. De là, par exemple, il faut aller à pied. Nous montons jusqu'à la petite Scheidegg.

GUILLAUME

A pied? Y a-t-il un chemin?... j'entends un chemin pour moi... qui n'ai plus dix-huit ans.

LOUISE

Oui, il y a un chemin pour toi... un sentier de mulet.

GUILLAUME

Merci.

LOUISE

Oh! papa! C'est de la petite Scheidegg qu'on voit le mieux la Jungfrau. On en est tout près... on voit les moraines, les névés; c'est justement l'époque des avalanches et, en quelques minutes, on peut passer de la fraîcheur du paysage alpestre à la désolation des régions glaciaires. De la petite Scheidegg nous redescendons jusqu'à Grindelwald. De là, nous revenons en voiture à Interlaken. C'est une belle excursion. Il faut quatre jours... cinq, si nous voulons faire le lac de Brienz et voir la cascade de Grimbach.

GUILLAUME

Ce n'est pas une fille que j'ai... c'est un Bædeker.

LOUISE

Tu ne serais pas content de voir la Jungfrau?

GUILLAUME

Et toi?

LOUISE

Non, je t'en prie, réponds-moi sérieusement?

GUILLAUME

Je serais très content... c'était mon unique

désir : voir la Jungfrau... et vivre encore cent ans!

LOUISE

Alors, c'est décidé?

GUILLAUME

Oui... mais qui restera auprès de ta tante?

LOUISE

C'est déjà arrangé... Nous partirons tous les trois avec Julien. Mon oncle et Georgette, qui n'est pas très marcheuse...

GEORGETTE

Oh! non.

LOUISE

Resteront auprès de ma tante.

GEORGETTE

Voici le facteur...

(En effet, on le voit apparaître.)

TOUS

Ah!!!

GUILLAUME

Quand le facteur paraît, la pension de famille applaudit à grands cris.

SCÈNE V

LES MÊMES, LE FACTEUR

LE FACTEUR

Messieurs et dames, je vous salue bien.

CHARLES

Bonjour, facteur! Vous avez quelque chose pour moi?

LE FACTEUR

Je n'ai que les journaux.

GEORGETTE

Et pour moi?

LE FACTEUR

Non, mademoiselle, il n'y a rien.

GEORGETTE

Vous êtes sûr?

LE FACTEUR, regardant des lettres.

Les autres lettres sont pour madame Dufour... et une des demoiselles du pavillon.

GEORGETTE, par-dessus l'épaule du facteur.

Madame Dufour... Madame Dufour.. Madame Dufour... Mademoiselle Vera Levanoff. Non, il n'y a rien pour moi. Tant pis !

LE FACTEUR

Ce sera pour une autre fois.

CHARLES, au facteur.

Ayez donc la complaisance de m'affranchir ces quatre lettres, avant de les mettre à la poste.

LE FACTEUR

C'est que... je n'ai pas de monnaie à vous rendre...

CHARLES

Bien entendu. Gardez tout.

LE FACTEUR

Bonsoir, messieurs et dames.

DES VOIX

Bonsoir, facteur... Bonsoir, facteur.

SCÈNE VI

LES MÊMES, moins LE FACTEUR

Julien a pris les journaux et les parcourt.

GUILLAUME

En somme, il y a très peu de monde ici.

CHARLES

Très peu... Nous occupons tout le premier étage de cette maison; madame Dufour, son petit neveu et les domestiques occupent le second étage... De sorte que ce n'est pas une pension de famille, c'est la pension de notre famille.

GUILLAUME

Pour le moment.., mais il peut venir d'autres pensionnaires.

CHARLES

Il n'y a plus qu'un petit pavillon au fond du jardin, avec trois chambres. Or, deux de ces chambres viennent d'être louées, il y a quatre jours, à deux jeunes filles, deux étudiantes russes. Il ne reste donc plus qu'une chambre vacante, mais il ne faut pas être exigeant pour s'en contenter.

GUILLAUME

Vous avez deux étudiantes russes et tu ne le disais pas?

CHARLES

Je n'attendais qu'une occasion et, tu vois, ça n'a pas traîné. Oh! elles ne sont pas gênantes : elles vivent un peu en sauvages, elles préparent leurs repas elles-mêmes et mangent dans leurs chambres. On les voit rarement... elles ne se promènent guère et passent leur journée à lire, à écrire et à fumer des cigarettes.

GUILLAUME

Sont-elles jolies, au moins?

GEORGETTE

La plus grande est assez jolie, si l'on veut; mais l'autre, quel type! Fagotée, on n'a pas idée... On dirait plutôt une bonne qu'une étudiante. D'ailleurs, c'est elle qui fait le ménage et les commissions. Et, avec ça, aimable, faut voir! Le jour où elle est arrivée, comme elle traînait une grosse valise et que Julien, galamment, insistait pour la porter, avec des : « Je vous en prie, mademoiselle... je ne souffrirai pas, mademoiselle », elle lui a répondu : « Si, monsieur, souffrez ! » et elle est repartie, comme une fourmi, avec son fardeau plus lourd qu'elle.

GUILLAUME

Eh bien, cette réserve farouche me semble du meilleur augure pour notre tranquillité. Ce sont peut-être des nihilistes !... La Suisse leur est hospitalière.

CHARLES

Ou des princesses.

GUILLAUME

L'un n'empêche pas l'autre...

GEORGETTE, ironiquement.

Oh ! des princesses, je parierais bien que non !

JULIEN

Il ne faut pas rire, Georgette ; tu perdrais peut-être ton pari.

GEORGETTE

Pourquoi ? Est-ce que tu as reçu les confidences de la fourmi ?...

JULIEN

Oh ! non.

GEORGETTE

De l'autre, alors ?

JULIEN

Pas davantage ; mais ce journal te renseignera aussi bien que moi.

CHARLES

C'est le *Journal de Genève* d'aujourd'hui ?

JULIEN

Oui.

GUILLAUME

Et que dit-il, ton journal ?

JULIEN, lisant.

« La princesse Boglowsky, compromise naguère dans un complot nihiliste dont la découverte fit scandale dans la haute société russe, serait, paraît-il, en villégiature aux environs de Genève, sous le nom de Vera Levanoff. »

GEORGETTE

Vera Levanoff? Mais c'est le nom de l'étudiante russe du pavillon !

JULIEN

Es-tu toujours aussi sûre de gagner ton pari ?

GEORGETTE

C'est-à-dire que je le perdrais maintenant avec enthousiasme ! Une princesse russe en représentation ici..., songe donc ! Quelle distraction ! quelle aubaine !

GUILLAUME, *qui a pris le journal des mains de Julien.*

Boglowsky... Attendez donc... Mais oui, je me rappelle, on parlait beaucoup de cette affaire à Saint-Pétersbourg, lorsque j'y allai en 1879, il y a deux ans, tu sais? pour cette concession de travaux qui nous échappa. Quelles drôles de gens que ces russes ! Figurez-vous que ce prince Boglowsky était affilié à une société secrète de propagande révolutionnaire et qu'il cherchait la forte somme pour favoriser l'évasion du célèbre agitateur Grigoriew, déporté en Sibérie. C'est dans ce but qu'il demanda et obtint la main d'une jeune fille qui s'appelait Vera Levanoff et dont le père était conseiller d'État.

CHARLES

Mais quel rapport entre ce mariage et l'évasion de Grigoriew?

GUILLAUME

Tu vas voir... Cette jeune fille, dévouée elle-même à la cause, apportait à son mari les 25.000 roubles nécessaires à la réalisation de ses projets. Mariage purement fictif, d'ailleurs ; après la cérémonie, les deux époux se séparèrent ; le prince coucha seul à l'hôtel et la princesse partit pour une destination inconnue. Peu de temps après, une imprimerie nihiliste était découverte et la police venait arrêter le prince Boglowsky. C'était le soir. Il éteignit la lampe, renversa une table derrière laquelle il se barricada et déchargea son revolver sur les gendarmes. Mais les policiers étaient en nombre et ils parvinrent à s'emparer du prince qui, dans l'obscurité, avait reçu un terrible coup de sabre. Enfermé dans une forteresse, il aurait même succombé plus tard, dit-on, aux suites de sa blessure.

JULIEN

Pauvre homme!

GUILLAUME

J'oublie un détail épouvantable. Lors de cette descente de police, un complice du prince, une femme avait eu le temps d'avaler un papier donnant la clé des lettres chiffrées qu'échangeaient entre eux les affiliés, et les gendarmes, pour le lui faire rendre, étranglèrent à moitié cette fanatique et lui cassèrent deux dents.

LOUISE

Et elle l'a rendu?

GUILLAUME

Non.

LOUISE, naïvement.

Ah! tant mieux!

JULIEN

C'est drôle!

CHARLES

Tu trouves ça drôle, toi?

JULIEN

Oh! non... c'est le rapprochement que je fais qui me semble drôle!

CHARLES

Quel rapprochement?

JULIEN

L'étudiante bourrue : « Souffrez, monsieur, » il lui manque aussi deux dents.

GEORGETTE

Quelle chance! C'est elle! Deux héroïnes au lieu d'une ! On ne va pas s'ennuyer!

MADAME LAFARGE

Alors, les mariages fictifs existent réellement en Russie?

JULIEN

S'ils existent? Sans doute; ils étaient très fréquents, il y a quelques années, lorsque des groupes nombreux d'étudiants et d'étudiantes, appartenant à la bourgeoisie et à la noblesse, se concertèrent pour aller dans le peuple, comme ils disaient. Un jeune homme, gagné aux idées nouvelles, apprenait-il qu'une jeune fille voulait se soustraire à l'autorité de ses parents, pour suivre les cours de l'Université et consacrer au peuple une existence indépendante, ce jeune homme, connaissant à peine cette jeune fille et quelquefois même ne la connaissant pas du tout, n'hésitait pas néanmoins à l'épouser. Oh ! ce fut un mouvement admirable !

GEORGETTE

Comme tu t'enflammes, Julien !

JULIEN, haussant les épaules.

Je ne m'enflamme pas... Je réponds à la question que posait maman.

MADAME LAFARGE

Que ces choses-là soient possibles, moi je ne peux pas le croire !

JULIEN

Pourquoi ?

MADAME LAFARGE

En aucun cas et sous aucun prétexte, le mariage ne doit être une mystification ; c'est toute une vie qu'on engage irrévocablement.

JULIEN

Mais, en Russie, où le divorce n'existe pas, pour ainsi dire, ces mariages fictifs étaient indissolubles.

MADAME LAFARGE

Alors ces malheureux exaltés se condamnent à vivre toujours seuls, sans intérieur, sans enfants.

JULIEN

Oui, mère, comme d'autres malheureux se condamnent, sans l'excuse d'aucune exaltation, à consommer ce que nous appelons chez nous des mariages de raison. Lesquels sont le plus à blâmer ou le plus à plaindre?...

(Sur ces derniers mots madame Dufour est entrée.)

MADAME DUFOUR

Le char vous attend en bas.

CHARLES

C'est vrai, au fait, il est quatre heures.

LOUISE

Eh bien, allons nous apprêter.

(Charles va prendre sa femme et lui donne le bras pour la diriger vers la porte.)

MADAME LAFARGE

Tu viens avec nous, Julien?

JULIEN

Non, mère. Je reste. Je vais tâcher de travailler un peu... à moins que tu n'aies besoin de moi.

MADAME LAFARGE

J'ai toujours besoin de toi... en promenade surtout. Ton père se contente de me nommer les endroits que nous traversons; il n'y a que toi qui essayes de me les faire voir.

JULIEN

Louise me remplacera.

LOUISE

Oh! te remplacer!

MADAME LAFARGE

Enfin, mon enfant, comme tu voudras.

(Elle sort au bras de son mari. Guillaume et Georgette sont déjà sortis. Madame Dufour range quelques meubles, met de l'ordre, etc.)

LOUISE

Pourquoi ne viens-tu pas avec nous? Tu sais bien que ma tante ne recouvre la vue qu'avec tes yeux.

JULIEN

J'ai à travailler.

LOUISE

On ne travaille pas pendant les vacances. En tout cas, tu peux bien travailler le matin et nous réserver au moins tes après-midi.

JULIEN

Louisette, il n'y a pas de places dans la voiture, dans le char, pour tout le monde... alors, si j'avais dit ça, maman se serait sacrifiée comme toujours. Comprends-tu?

LOUISE

Veux-tu que je reste avec toi?

JULIEN

Mais non, pas du tout; il ne faut pas que tu te prives.

LOUISE

Oh! ça ne me prive pas, du moment que tu n'es pas là. C'est vrai, je m'étais fait une fête de passer deux mois ensemble dans ce beau pays, de l'admirer, de le comprendre, de le sentir avec toi.

JULIEN

Eh bien, nous y sommes ensemble dans ce beau pays.

LOUISE

Si tu restes tout le temps à la maison...

JULIEN

Tout le temps!... Je reste aujourd'hui et je t'en ai dit la raison.

LOUISE

La vraie raison?

JULIEN

Il n'y en a pas d'autre.

LOUISE

J'ai peur que tu ne t'ennuies avec nous?

JULIEN

Pourquoi dis-tu ça?

LOUISE

Je ne sais pas. Depuis quelques jours tu as l'air préoccupé. Tu n'as rien qui t'inquiète?

JULIEN

Mais non, tu te trompes.

LOUISE

Enfin, si nous faisons cette excursion à la Jungfrau, tu viendras avec nous ?

JULIEN

Mais certainement.

LOUISE

Tu ne prétexteras pas, pour ne pas venir, qu'il n'y a pas de places pour tout le monde dans le chemin de fer, et même sur la Jungfrau ?

JULIEN

Voyez-vous ça ! Allons, va mettre ton chapeau... je vous accompagnerai jusqu'à la voiture.

(Ils sortent. Quelques secondes, pendant lesquelles madame Dufour continue ses petits rangements. Enfin, elle met les tasses à café vides, le sucrier, etc., sur le plateau et se dispose à emporter le tout, quand Vera Levanoff apparaît sur le perron.)

SCÈNE VII

VERA, MADAME DUFOUR

VERA

Ah ! vous êtes là, madame Dufour. Je voudrais vous parler.

MADAME DUFOUR

Tout entière à votre disposition, mademoiselle. Asseyez-vous donc, je vous en prie.

VERA, sans s'asseoir.

Un de nos compatriotes, pour qui nous avons, mon amie et moi, une affection... filiale, nous écrit de Zurich qu'il viendra nous voir après-demain et passer quelques jours auprès de nous. Il ne se plaît pas à l'hôtel. La chambre qui vous reste à louer est-elle retenue ?

MADAME DUFOUR

Non.

VERA

En ce cas notre ami pourrait l'occuper. Vous l'obligeriez beaucoup et je vous en serais personnellement très reconnaissante.

MADAME DUFOUR

Je ne demande pas mieux que de réserver la chambre à ce monsieur. Elle est petite et n'a rien de luxueux; mais elle est habitable et propre.

VERA

C'est bien ainsi.

MADAME DUFOUR

Ce monsieur prendrait ses repas avec vous?

VERA

Naturellement.

MADAME DUFOUR

Alors, les conditions seront les mêmes que pour vous. Trente francs par mois ou un franc cinquante par jour, si ce monsieur reste moins d'un mois. La bougie à part, bien entendu.

VERA

Je puis donc écrire à notre ami de venir... je vais lui envoyer tout de suite un mot; mais le facteur est parti...

MADAME DUFOUR

Justement, je descends à Aubonne... si

vous voulez, je mettrai votre lettre à la poste.

VERA

Je vous en remercie. Vous permettez que j'écrive ici...; de cette façon, je ne vous ferai pas attendre.

MADAME DUFOUR

Oh ! vous avez le temps... je ne descends pas encore ; mais vous pouvez vous mettre là. (Elle débarrasse le guéridon.) Il y a du papier et des enveloppes dans le buvard.

(Vera s'installe. Long silence pendant lequel madame Dufour, tandis que Vera écrit, enlève de la table le plateau garni de tasses à café, sucrier, etc., qu'elle emporte.)

SCÈNE VIII

VERA, puis JULIEN

Vera ayant fini d'écrire, se dirige vers la porte, lorsque Julien entre.

JULIEN

Oh ! je vous demande pardon, mademoiselle.

VERA

C'est moi, monsieur, qui vous demande pardon... je suis ici un peu chez vous.

JULIEN

Pas du tout, mademoiselle, ce salon est à tout le monde ici...; c'est un terrain neutre, comme la Suisse elle-même... et de ce que vous n'en profitez jamais, n'en concluez pas qu'il soit à nous. Je regrette même, nous regrettons tous que vous n'en profitiez pas davantage.

VERA

Vous êtes très aimable, trop aimable vraiment... d'ailleurs, je m'en allais.

(Elle se lève.)

JULIEN

Non, non, mademoiselle, restez. Je suis très heureux de vous avoir rencontrée. J'ai à vous parler.

VERA

En vérité, à moi, monsieur?

JULIEN

Oui, mademoiselle, à vous-même... asseyez-vous donc, je vous en prie.

VERA

C'est inutile.

JULIEN

Voilà : ce que j'ai à vous dire est assez embarrassant.

VERA

En ce cas, il vaudrait peut-être mieux ne pas le dire.

JULIEN

C'est une solution; mais, d'un autre côté, c'est encore plus embarrassant à garder... pour moi, du moins, qui ai pour certaines choses des scrupules, des pudeurs. Enfin, mademoiselle, le hasard d'une villégiature, d'une pension de famille... d'une pension de famille...

VERA

J'avais bien entendu.

JULIEN

Fait que l'on vit côte à côte, et sous le même toit, avec des personnes que l'on ne connaît pas; quand je dis sous le même toit, c'est une façon de parler, car ces personnes peuvent habiter un pavillon isolé au bout du jardin, par exemple.

VERA

Oui... et alors?

JULIEN

Alors, tout à coup, on apprend qui sont ces personnes.

VERA

Eh bien?

JULIEN

Eh bien, par ce fait seul, il semble que l'on se trouve dans une situation délicate vis-à-vis d'elles, et qu'elles-mêmes sont dans une situation inférieure vis-à-vis de vous... Il semble qu'on leur a dérobé un secret. Alors, le devoir d'un honnête homme n'est-il pas de les avertir?

VERA

De quoi?

JULIEN

Mais qu'on connaît leur nom, leur vie... une partie de leur vie... tout au moins certaines particularités.

VERA

Oui, je comprends vos scrupules... mais, monsieur, lorsqu'on est sujet à de tels scrupules, le plus simple serait sans doute de ne pas chercher à savoir... Je vous assure que moi j'ignore absolument qui vous êtes.

JULIEN

Oh! mademoiselle, vous avez là une mauvaise pensée... Alors vous croyez?... Mais on peut apprendre, entendez-moi bien, apprendre sans avoir cherché à savoir.

VERA

Enfin, monsieur, où voulez-vous en venir?

JULIEN

Je serais désolé, mademoiselle, que vous puissiez croire un seul instant que j'aie été curieux ou indiscret, et je veux vous expliquer...

VERA

C'est inutile.

JULIEN

Mais, je vous demande pardon, j'y tiens... Écoutez-moi. J'ai un oncle, mon oncle Guillaume, qui est arrivé aujourd'hui.

VERA

Ah!

JULIEN

Oui, ça vous est égal. Attendez. Comme il demandait naturellement quels étaient, en même temps que nous, les hôtes de cette maison, on a parlé de vous... de vous et de votre amie... on a dit votre nom et, dans le même temps, je lisais ceci, dans le *Journal de Genève* de ce matin. Voyez, là... « Échos de la Confédération. »

(Il lui tend le journal.)

VERA, remettant le journal sur la table.

Comme c'est intéressant! Les journaux devraient bien n'accorder leur publicité qu'aux gens qui la recherchent.

JULIEN

C'est bien mon avis; mais comment empêcher ça? Mon oncle, mon oncle Guillaume, donc, qui voyage souvent en Russie pour ses affaires, se trouvait précisément à Saint-Pétersbourg, il y a deux ans, et il nous a raconté dans quelles circonstances... exceptionnelles vous aviez épousé le prince Boglowsky, l'arrestation du prince peu de temps après votre mariage, et comment, dans la bagarre, la jeune fille qui vous accompagne avait eu deux dents cassées.

VERA

Ça pourrait ne pas être la même.

JULIEN

Sans doute... Alors, la coïncidence serait bien singulière... ; toutes les étudiantes russes n'ont pas deux dents cassées ; il y en a qui les ont toutes et fort jolies.

VERA

C'est tout ce que vous aviez à me dire ?

JULIEN

Mon Dieu, oui, mademoiselle, c'est tout ; encore une fois, un scrupule peut-être exagéré m'a déterminé à vous parler comme je l'ai fait... Si je vous avais fâchée, contrariée, je ne me le pardonnerais pas.

VERA

Vous auriez tort, monsieur, puisque vous avez fait ce que vous croyiez devoir faire. Non, je ne suis pas fâchée. Il n'y a aucune indiscrétion à connaître qui je suis, qui nous sommes, mon amie et moi. Nous ne nous affichons pas, certes, mais nous ne nous cachons pas non plus. Ne prenez donc pas pour de la prudence une manière de vivre qui n'a d'autres raisons que le travail, des ressources modestes et surtout le désir qu'on ne s'occupe pas de nous, qui ne nous occupons pas des autres. Je ne vous remercie pas moins de votre démarche.

JULIEN

Oui, la façon dont vous me remerciez signifie que j'aurais mieux fait de me taire.

VERA

Pas du tout.

JULIEN

Au surplus, je ne suis qu'un étranger à vos yeux et je trouve votre défiance bien naturelle.

VERA

Oh! défiance.

JULIEN

Mettons réserve.

VERA

J'aime mieux.

JULIEN

Et, pourtant, je vous l'avouerai, car, après

le silence, ce que vous devez le mieux apprécier, c'est la franchise...

VERA

En effet.

JULIEN

Eh bien, maintenant que je vous ai dit ce qu'il fallait que je vous dise, je devrais m'en aller, n'est-ce pas? (Geste de Vera.) Oh! vous ne me retenez pas, je le sais; mais le sentiment qui m'oblige à rester auprès de vous, qui m'entraîne vers vous...

VERA

Qui vous entraîne?...

JULIEN

Je ne trouve pas d'autre mot... Oui, ce sentiment-là, et vous ne pouvez pas vous en offenser, c'est un intérêt passionné pour les idées dont votre geste a été l'expression. Je vous admire.

VERA

Vous ne trouvez pas d'autre mot?

JULIEN

Non... je vous admire. Tant d'hommes se

contentent de parler. Qu'une femme ait eu l'héroïsme d'agir, n'est-ce pas assez déjà pour nous émouvoir.

VERA

Vous vous exagérez beaucoup l'importance d'un incident. Je ne suis pas une exception : ma compagne a été plus que moi héroïque; d'autres femmes, par centaines, expient obscurément un zèle et un courage que je n'ai pas montrés.

JULIEN

C'est possible; mais ces femmes-là, je ne les connais pas. Je les salue toutes en vous. L'hommage peut vous paraître faible... Acceptez-le néanmoins, car il est ardemment sincère. Je ne suis pas initié, c'est vrai. Les fils de la bourgeoisie française, à l'heure actuelle, ne se préoccupent de la question sociale que pour la résoudre à leur profit. Encore moins, sont-ils résolus à *aller dans le peuple*, comme disaient et comme ont fait vos amis. Cependant, ces grands courants d'idées qui nous arrivent à travers l'œuvre admirable de vos romanciers, ne rencontrent pas que des indifférents. Déjà, pour quelques-uns d'entre nous, il y a dans ce seul mot *nihilisme* un attrait singulier, terrible et doux à la fois, religieux et presque mystique... je ne sais quelle vision de nobles dévouements éclatants ou obscurs. Comprenez-vous maintenant pourquoi, sachant qui vous êtes, ce que vous avez fait, je me sens entraîné vers vous?

VERA

Vers la *nihiliste?*

JULIEN, avec un peu d'impatience.

Mais non, mais non... comprenez-moi bien. Ah! je parle mal de ces choses... j'en parle d'instinct. Encore une fois, je ne suis pas initié. J'ai trop peu fréquenté, je le regrette à présent, des étudiants russes, des étudiants en médecine comme moi, et dont la généreuse ambition était de soigner les misérables, à la fois dans leurs maladies physiques et dans leurs infirmités sociales. Ils avaient raison : toute guérison ne dépend pas seulement de nos remèdes, mais aussi d'un régime de justice, d'aide mutuelle et de liberté.

VERA

Si vous comprenez cela, vous comprenez tout le reste, vous êtes initié. (Un silence.) Oui, il ne suffit pas de soigner le corps, il faut aussi soigner l'âme et l'esprit.

JULIEN

J'en sens la nécessité chaque jour auprès de ma pauvre mère.

VERA

Madame votre mère est souffrante ?

JULIEN

Elle est aveugle.

VERA

Depuis longtemps ?

JULIEN

Depuis trois ans.

VERA

Incurablement ?

JULIEN

Oui. Une paralysie du nerf optique.

VERA

Pauvre femme ! Quelles consolations inventer à défaut de remèdes !

JULIEN

Si ma mère vous entendait, vous seriez déjà son amie. Alors, vous comprenez, nous nous ingénions tous pour ne pas la laisser isolée dans son infirmité. Ainsi, lorsque ce malheur est arrivé, mon oncle et mes cousines sont venus demeurer avec nous, pour qu'elle ne restât jamais seule... qu'il y eût du mouvement, de la gaieté autour d'elle dans la maison. Hélas! est-ce parce que nous ne savons pas nous y prendre, ou bien parce que sa tristesse est incurable aussi, nous ne réussissons pas à la distraire de ses noires pensées.

VERA

Pauvre femme! (Un silence. Elle s'assied et fait signe à Julien de s'asseoir.) Vous avez connu des étudiants russes, disiez-vous?

JULIEN

Quelques-uns... oui.

VERA

Où cela?

JULIEN

A Paris.

VERA

Des réfugiés ?

JULIEN

Peut-être... je ne sais pas... ils étaient si mystérieux.

VERA

Vous avez fait vos études à Paris?

JULIEN

Oui... je les fais même encore, ou plutôt je les termine : je prépare ma thèse en ce moment.

VERA

Ah !

JULIEN

Serais-je encore indiscret, en vous posant à mon tour une question ?

VERA, *souriant, plus confiante.*

Non.

JULIEN

N'êtes-vous pas vous-même étudiante en médecine ?

VERA

En effet.

JULIEN

Inscrite à quelle université ?

VERA

A l'université de Zurich ; mais je n'y resterai pas. Je suivrai le conseil que l'on m'a donné de n'aller à Paris qu'après avoir passé une ou deux années dans des universités de Suisse ou d'Allemagne.

JULIEN

C'est un très bon conseil.

VERA

N'est-ce pas ?

JULIEN

Oui ; mais nous ne l'envisageons peut-être pas au même point de vue.

VERA

Quel est donc le vôtre ?

JULIEN

Dame ! je pense que vous viendrez cet hiver à Paris et que j'aurai le plaisir de vous y retrouver.

VERA

Oh ! ce n'est pas sûr. J'hésite encore.

JULIEN

Pourquoi ?

VERA

On m'a dit qu'en France les étudiants sont hostiles à la femme qui désire s'instruire et conquérir des diplômes qu'ils voudraient se réserver... Il y a chez eux, paraît-il, la persistance de tous les vieux préjugés, l'inquiétude du possesseur menacé dans son privilège, l'égoïsme du conquérant réfractaire au partage et le dépit de voir la femme s'échapper du servage.

JULIEN

Oh ! ne vous faites pas de la jeunesse de nos écoles une si mauvaise idée. Quand vous suivrez leurs cours, si les étudiants soulignent votre entrée par un bruit de baisers et votre sortie par une offre de reconduite, il ne faudra pas attacher trop d'importance à ces gamineries. Là, se bornera leur hostilité... ; ce n'est pas bien grave et je vous assure que vous serez respectée. D'ailleurs, si vous le permettez, je serai là. (Un silence.) En attendant, si les quelques livres que j'ai apportés pouvaient vous être utiles...

VERA

Je vous en priverais.

JULIEN

Oh! non, je travaille peu ici.

SCÈNE IX

LES MÊMES, TATIANA

TATIANA, *entrant précipitamment et traversant la scène en courant.*

Verotchka! Verotchka! C'est lui!

VERA

Tu dis?

TATIANA

Je viens de l'apercevoir, quittant la gare et demandant son chemin. Je cours à sa rencontre[1].

(Elle sort.)

[1] Au théâtre Antoine, tout ce que vient de dire Tatiana, est dit en russe par Mme Mellot.

SCÈNE X

JULIEN, VERA

JULIEN

Encore une fois, mademoiselle, pardonnez-moi une démarche qui a pu vous paraître insolite. Je ne la regretterais pas, pour ma part, si je n'étais plus pour vous un étranger, mais un ami, et si vous daigniez, en toute occasion, mettre mon absolu dévouement à l'épreuve.

VERA

Je vous remercie, monsieur.

(Julien sort : sur le seuil de la porte, il rencontre Tatiana et Grigoriew. Il a, en apercevant ce dernier, un geste de surprise.)

SCÈNE XI

VERA, GRIGORIEW, TATIANA

Grigoriew, haute taille, carrure puissante, tête léonine. L'acteur s'inspirera, pour la composition de son personnage, des derniers portraits de Bakounine.

GRIGORIEW, ouvrant les bras à Vera, qui s'y jette.

Vera, ma chère enfant !

VERA

Quelle surprise!

GRIGORIEW

Vous ne m'attendiez pas si tôt?

VERA

Non, je viens de vous écrire.

GRIGORIEW

Je comptais ne venir vous rejoindre que dans quelques jours; moi, qui suis toujours en retard, je suis donc une fois en avance, mais un incident imprévu a précipité mon départ.

TATIANA

On vous expulse?

GRIGORIEW

Non, calme-toi, petite. Pas pour le moment.

VERA

Alors?

GRIGORIEW

Voici : j'ai reçu, de San Francisco, une

correspondance en signes conventionnels, naturellement, d'un nommé Zakharine.

TATIANA

Zakharine?

(Elle regarde Vera qui fait signe que ce nom ne lui rappelle rien.)

GRIGORIEW

Oui, vous ne le connaissez pas, mais, je le connais, moi. Il a été compromis dans une affaire de colportage, relâché, faute de preuves, après une longue détention et c'est sous la menace d'une nouvelle arrestation, qu'il a réussi, un peu plus tard, à passer en Amérique. Ça, je le savais; mais, ce que je ne savais pas, c'est qu'il a eu pour voisin de cachot à la forteresse... Boglowsky!

VERA

Boglowsky?... Il l'a vu?

GRIGORIEW

Qu'il l'ait vu ou non, il se déclare en mesure de nous donner sur lui, sur ses derniers jours, sur sa mort même, les renseignements précis qui nous ont toujours manqué jusqu'ici.

VERA

Grigoriew, il faut absolument entendre cet homme.

GRIGORIEW

C'est mon avis... Pour cela, il faut le faire revenir en Europe.

VERA

Sans doute.

GRIGORIEW

Et il n'a pas l'argent de son voyage : il compte sur moi pour le lui envoyer dans le plus bref délai. Le bateau qu'il voudrait prendre part le 5. Il n'y a donc pas un jour à perdre.

VERA

Combien faut-il?

GRIGORIEW

Sept cents francs. Une collecte que j'ai faite à Zurich et à Genève, parmi nos camarades, a produit péniblement trois cents francs.

VERA

Il en faut encore quatre cents.

GRIGORIEW

J'ai pensé les trouver ici. Voilà pourquoi j'arrive à l'improviste.

VERA

Mais cette somme, Grigoriew, je ne l'ai pas... Comment faire?

GRIGORIEW

Vous n'avez pas ici quatre cents francs?

VERA

Mais non, pas cinquante. Je ne reçois ma pension de deux cents francs que le quinze de chaque mois et notre installation, le loyer de notre chambre que j'ai dû payer d'avance, ne nous ont laissé pour ressources que le strict nécessaire.

TATIANA

C'est vrai, Grigoriew, nous vivons avec trente sous par jour.

VERA

Comment faire?

GRIGORIEW

Nous ne pouvons pourtant pas, faute de quatre cents francs, exposer Zakharine à être repris ou à mourir de faim. Car, s'il est important pour nous de savoir à quels mauvais traitements ou à quelles tortures morales Boglowsky a succombé, il est plus important encore, n'est-ce pas? de sauver un camarade en péril.

TATIANA

Il faut absolument trouver un moyen.

VERA

Si je savais seulement à qui demander ces quatre cents francs.

GRIGORIEW

Votre propriétaire?

VERA

Elle ne les prêtera pas.

GRIGORIEW

Et vous ne connaissez personne à qui l'on puisse s'adresser.

VERA

Personne... Nous vivons très à l'écart et j'ignorerais encore quels compagnons de pension nous avons, sans le renseignement que l'un d'eux m'a fourni presque malgré moi tout à l'heure.

TATIANA

Le jeune homme avec qui tu causais?

VERA

Justement.

TATIANA

Je l'ai déjà rembarré, celui-là.

VERA

A quel propos?

TATIANA

A propos d'une valise qu'il prétendait m'aider à porter.

GRIGORIEW

Tu as eu tort, ma fille. C'est un Français, sans doute?

VERA

Oui.

GRIGORIEW

Il est galant : chaque peuple a ses usages et, lorsque, comme toi, comme nous, on est appelé à vivre dans tous les pays, il faut tenir compte des défauts... et même des qualités des gens avec lesquels on se trouve.

VERA

Ce jeune homme s'est mis à ma disposition d'une façon plus générale.

TATIANA

Mauvaise herbe envahit tout.

GRIGORIEW

Que fait-il ce monsieur?

VERA

Rien. Il est en vacances... c'est un étudiant en médecine. Il est ici avec ses parents, son oncle et ses cousines. Ayant appris qui j'étais, il a cru devoir me témoigner son admiration pour nos actes et nos doctrines et, dans sa joie naïve de rencontrer une nihiliste, il m'a prié de le considérer comme un ami et de mettre son dévouement à l'épreuve.

GRIGORIEW

Eh bien, mais il faut le prendre au mot cet obligeant Français. Il y a deux manières d'éprouver un ami : c'est, quand on s'absente, de le laisser seul avec sa maîtresse ou de lui demander de l'argent quand on en a besoin.

VERA

Vous n'y pensez pas, Grigoriew! Parlez-vous sérieusement?

GRIGORIEW

Très sérieusement. Vais-je épiloguer sur les moyens de me procurer quatre cents francs, lorsque j'évalue à cette somme dérisoire (que nous n'avons pas, d'ailleurs), le salut et l'existence d'un des nôtres?

TATIANA

C'est égal... avoir recours à un inconnu..,

GRIGORIEW

Nous ferons connaissance. Où est-il?

TATIANA

Je l'aperçois qui lit dans le jardin.

GRIGORIEW

A merveille... Va lui dire que je désire lui parler.

VERA

Est-il convenable que?...

(Tatiana sort.)

GRIGORIEW

Que dites-vous ?

VERA

Rien... rien...

GRIGORIEW

A la bonne heure! Défiez-vous, ma chère Vera, des scrupules dictés par ce qu'on appelle les convenances. Ce sont des modes qui passent comme la forme des chapeaux. Les convenances ne sont que les caprices de la civilisation. La raison seule donne un sens à nos scrupules.

(Sur ces derniers mots, Julien est entré, suivi de Tatiana.)

SCÈNE XII

VERA, GRIGORIEW, JULIEN, TATIANA

GRIGORIEW, *allant au-devant de Julien.*

Bonjour, monsieur. Je vous ai fait demander deux minutes d'entretien.

JULIEN

Et j'en suis très flatté, monsieur... Grigoriew.

GRIGORIEW, *surpris.*

Vous me connaissez?

JULIEN

J'ai vu votre portrait à Paris, chez des étudiants, et votre invitation prévient mon désir de vous être présenté.

GRIGORIEW

La photographie nous met donc en règle avec la civilité. Admirable invention! Ça me permet d'aller tout de suite au fait. Il est urgent que nous fassions revenir de loin... de très loin, un de nos amis en détresse. J'ajouterai que cet homme est digne d'estime et que nous le considérons comme un frère dévoué qui ferait pour nous ce qu'il nous demande de faire pour lui.

JULIEN

Cette déclaration était superflue, monsieur, il fallait me dire seulement ce que vous attendiez de moi.

GRIGORIEW

Il nous manque le temps de réunir la somme nécessaire au retour de notre camarade parmi nous. Son appel pressant nous prend au dépourvu. Voulez-vous nous aider à le secourir, à le sauver?

JULIEN

Combien vous faut-il!

GRIGORIEW

Quatre cents francs.

JULIEN

Merci, monsieur... Je vous les apporte à l'instant.

GRIGORIEW

C'est moi qui vous remercie, monsieur, vous nous rendez un grand service.

JULIEN

Non. En m'associant à votre tâche généreuse, vous donnez à ma sympathie secrète l'occasion qu'elle cherchait de se manifester.

GRIGORIEW

Cette sympathie, monsieur, est à présent réciproque.

(Poignées de main. Julien sort.)

SCÈNE XIII

LES MÊMES, moins JULIEN

GRIGORIEW

Il est gentil, ce garçon.., très gentil.

VERA

Il paraît sincère.

GRIGORIEW

Oui. Sincère et désintéressé.

TATIANA

Oh! désintéressé, c'est autre chose ! On ne sait pas.

RIDEAU

ACTE DEUXIÈME

A PARIS, CHEZ LES LAFARGE

Un grand salon communiquant au fond, par une porte, avec le cabinet de Charles Lafarge et, à droite, par une large baie, avec le petit salon que l'on voit de biais. Porte à droite communiquant avec l'extérieur.

Au lever du rideau, Louise est assise, seule, dans le grand salon; quelques secondes et sa sœur Georgette vient la rejoindre.

SCÈNE PREMIÈRE

GEORGETTE, LOUISE

GEORGETTE

Eh bien, cette migraine ?

LOUISE

Ça va mieux, je te remercie.

GEORGETTE

As-tu dormi un peu ?

LOUISE

Non... ça ne sera rien.

GEORGETTE

Ils sont encore à table; comme ils parlaient de mademoiselle Levanoff, je les ai laissés... j'en ai assez d'entendre faire l'éloge de la princesse! Mon oncle et ma tante sont en train d'énumérer à papa tous ses mérites. Tu comprends s'ils en ont à dire, depuis trois mois que papa était en voyage. C'est curieux : ma tante ne voit plus littéralement que par les yeux de cette Vera.

LOUISE

Ça se comprend; mademoiselle Levanoff s'est montrée si dévouée pour elle, elle l'a entourée de tant de soins.

GEORGETTE

Il me semble que nous étions là.

LOUISE

Sans doute; mais nous ne savions peut-être pas nous y prendre. Mademoiselle Levanoff, elle, a la vocation, l'instinct, la science, c'est incontestable.

GEORGETTE

C'est entendu... la princesse a toutes les qualités. Auprès d'elle, nous ne comptons plus, nous ne sommes plus rien.

LOUISE

Oh! Georgette, tu as tort de dire ça; ma tante nous aime beaucoup.

GEORGETTE

Oui, mais elle préfère la princesse; elle est en admiration devant tout ce que fait mademoiselle Levanoff; c'est au point que, malgré son aversion pour le tabac, l'odeur de ses sacrées cigarettes russes lui est agréable. Tu m'avoueras que c'est tout de même épatant! Moi, ce n'est pas la fumée que je ne peux pas sentir, c'est la demoiselle.

LOUISE

Oh! Georgette.

GEORGETTE

Tu sais, moi, je suis franche... je dis ce que je pense, je ne l'aime pas. Et toi non plus, d'ailleurs, tu ne l'aimes pas, tu ne peux pas l'aimer.

LOUISE

J'ai une grande estime pour mademoiselle Levanoff.

GEORGETTE

De l'estime... oui, mais de l'affection?

(Un silence; on entend sonner à la porte d'entrée.)

LOUISE

Est-ce qu'on n'a pas sonné?

GEORGETTE

Oui... c'est elle sans doute; elle devait venir à deux heures. Elle va arriver avec son air glacial.

LOUISE

Je vais dans ma chambre... je me reposerai un peu.

GEORGETTE

Oui, va dans ta chambre... je te rejoindrai tout à l'heure...

(Elle sort, Georgette reste seule et, quelques secondes après, la femme de chambre introduit Vera.)

SCÈNE II

GEORGETTE, VERA

GEORGETTE

Bonjour, mademoiselle.

VERA

Bonjour, mademoiselle... Votre cousin est-il rentré?

GEORGETTE

Non, pas encore, mademoiselle; mais mon oncle et ma tante sont là... Ils sont encore à table... avec papa qui est revenu ce matin.

VERA

Monsieur votre père a fait un bon voyage?

GEORGETTE

Je ne sais pas, mademoiselle.

VERA

Comment! vous ne savez pas?

GEORGETTE

Il n'a pas encore eu le temps de nous en parler... On n'a parlé que de vous.

VERA

De moi? A quel propos?

GEORGETTE

A propos de tout. (Un petit silence.) Je ne sais pas si ma tante est prévenue que vous êtes là.

VERA

Oh! ne la dérangez pas.

GEORGETTE

Ils doivent avoir fini de déjeuner... Ils causaient. Et puis, si ma tante a reconnu votre coup de sonnette, rien ne pourra la retenir

(En effet sortant de la salle à manger, on voit apparaître dans le petit salon madame Lafarge au bras de son mari et, derrière eux, Guillaume.)

SCÈNE III

MADAME LAFARGE, VERA, GEORGETTE, CHARLES, GUILLAUME

GEORGETTE

Mademoiselle Levanoff est là, ma tante.

MADAME LAFARGE

Tu n'as pas besoin de me le dire. (A mademoiselle Levanoff qui lui dit bonjour.) J'avais reconnu votre coup de sonnette.

GEORGETTE, à mi-voix.

Qu'est-ce que je disais?

(Charles installe sa femme avec l'aide de Georgette, sur un petit canapé. Cependant, Vera et Guillaume descendent en causant.)

VERA

Vous avez fait un bon voyage, monsieur?

GUILLAUME

Excellent, mademoiselle, et je suis tout à fait heureux de vous revoir.

VERA

Et moi, monsieur, croyez bien que je partage la joie que votre retour apporte ici.

GEORGETTE

Tu le vois, mon cher papa, ta bienvenue au jour te rit dans tous les yeux.

MADAME LAFARGE, *maintenant installée.*

Oh! dans tous... tu exagères... quoiqu'il se soit opéré des miracles, en ce qui me concerne, pendant que vous n'étiez pas là, mon cher Guillaume.

GUILLAUME

Oui, oui, je sais, des miracles. Il faut que je vous félicite, mademoiselle.

VERA

De quoi donc, monsieur?

GUILLAUME

Mais du changement survenu dans cette maison. Grâce à vous, je retrouve ma belle-sœur gaie, bien portante... je ne la reconnais plus. Et quelle n'a pas été ma surprise, lorsque, grâce à vous encore, j'ai reçu une lettre écrite par elle.

MADAME LAFARGE

Et je ne fais que commencer.

GUILLAUME

Clotilde m'a montré l'appareil que vous avez inventé... cette petite tablette à crémaillère, c'est très ingénieux.

VERA

Oh ! je n'ai rien inventé, je n'ai eu qu'à m'inspirer d'un modèle déjà existant.

MADAME LAFARGE

Oui, mais personne ne me l'avait indiqué... C'est comme pour la lecture des points saillants... Pour m'encourager, mademoiselle Levanoff a eu l'idée...

VERA

L'idée très simple...

MADAME LAFARGE

Oui, mais qui n'était venue à personne autour de moi... de me faire lire d'abord un livre que je connaissais pour ainsi dire par cœur : les *Harmonies poétiques*, du divin Lamartine. A partir de ce moment, mes progrès ont été rapides.

GUILLAUME

Vous faites véritablement des prodiges, mademoiselle.

MADAME LAFARGE

Ce n'est pas tout.

VERA

Je vous en prie.

MADAME LAFARGE

Laissez-moi achever... Vous allez me voir jouer aux dames.

GUILLAUME

Non?

MADAME LAFARGE

C'est comme je vous le dis. Le damier, Georgette, veux-tu?

(Georgette va chercher le damier.)

GUILLAUME

Voilà encore du nouveau.

MADAME LAFARGE

Et toujours l'ouvrage de mademoiselle Levanoff.

GEORGETTE, à part, en apportant le damier.

Naturellement

GUILLAUME

Je serais curieux de voir ça... C'est encore de votre invention, mademoiselle?

VERA

Non, ce sont des jeux dans le commerce.

(Toutes deux commencent à jouer.)

CHARLES

Mais ce qui n'est pas dans le commerce, c'est la patience, le zèle du professeur.

GUILLAUME

Clotilde n'avait pas exagéré, mademoiselle, vos ressources sont inépuisables.

VERA

Oh ! non, hélas !

MADAME LAFARGE

Vous êtes trop modeste, ma chère enfant, et je sais ce que je vous dois.

CHARLES

Ce que nous vous devons ; vous avez ramené ici la lumière, et l'entrain. Ma femme ne connaît plus cette chose terrible : l'ennui... l'ennui dans la nuit ! Elle n'est plus jamais inoccupée... Il était impossible de rêver pour elle un guide plus ingénieux, plus attentif que vous.

VERA

Vous oubliez de prendre, madame.

MADAME LAFARGE

Où donc ?

VERA

Là.

MADAME LAFARGE

Ah ! oui, c'est vrai.

GUILLAUME

Nous vous donnons des distractions... Charles, je t'ai rapporté d'excellents cigares.

CHARLES

Nous allons leur dire deux mots.

MADAME LAFARGE

Allez leur dire deux mots dans ton bureau.

GUILLAUME

Bien entendu... En même temps, je te montrerai des photographies que j'ai rapportées.

(Ils sortent.)

SCÈNE IV

MADAME LAFARGE, VERA, GEORGETTE

MADAME LAFARGE

Où donc est ta sœur, Georgette ?

GEORGETTE

Elle est allée se reposer dans sa chambre.

VERA

Est-ce que mademoiselle Louise est souffrante ?

MADAME LAFARGE

Elle n'était pas très bien pendant le déjeuner. Vous ne fumez pas, mademoiselle Levanoff ?

VERA

Avec votre permission, si, madame.

(Elle allume une cigarette.)

MADAME LAFARGE

Vos cigarettes embaument. Ah ! si j'étais plus jeune !

GEORGETTE

Cède-moi le privilège que tu regrettes, ma tante.

MADAME LAFARGE

Ton père est là... c'est à lui que tu dois demander la permission.

GEORGETTE

Oh ! je sais d'avance ce que papa me répondra : « Si ton mari, quand tu en auras un, t'autorise à fumer, je n'y verrai aucun inconvénient. » Il n'y a donc pas de raisons pour que ça finisse.

MADAME LAFARGE

Et je ne pourrai qu'approuver ton père... Une jeune fille bien élevée...

GEORGETTE

Oh ! pardon, ma tante, du moment que c'est une question d'éducation.

MADAME LAFARGE

D'éducation française.

GEORGETTE

Ah ! oui, française.

MADAME LAFARGE

Ne me fais pas dire ce qui serait une offense pour mademoiselle Levanoff.

GEORGETTE

Loin de moi cette pensée, ma tante !... Je sais bien que les usages diffèrent d'un pays à l'autre... Vérité au delà de la Volga, erreur en deçà. Dans certaines îles de l'Australie, les femmes fument la pipe. (Elle se lève.) Je vais auprès de Louise qui est toute seule... je lui tiendrai un peu compagnie.

MADAME LAFARGE

C'est ça... dis-lui que j'irai la voir tout à l'heure... avec mademoiselle Levanoff.

GEORGETTE

Je le lui dirai... Ça lui fera plaisir.

(Elle sort.)

SCÈNE V

MADAME LAFARGE, VERA

VERA

J'ai joué, madame, c'est à vous.

MADAME LAFARGE

Oh ! pardon.

VERA

Vous devez me prendre, là.

MADAME LAFARGE

Mon Dieu! suis-je distraite, aujourd'hui!

VERA

Auriez-vous quelque chose qui vous contrarie?

MADAME LAFARGE

Oh! qui me contrarie, non... Ça m'étonne que Julien ne soit pas encore rentré.

VERA

Il ne peut pas tarder.... Ce n'est pas sa

thèse qui vous préoccupe, je pense... Ce n'est qu'une formalité.

MADAME LAFARGE, absente.

Une formalité, évidemment. (Abandonnant résolument le jeu de dames.) Décidément, je ne peux pas jouer. Ma chère enfant, j'ai à vous parler, je suis chargée d'une mission auprès de vous.

VERA

D'une mission?

MADAME LAFARGE

Oui. Julien a eu hier soir avec son père et avec moi une longue conversation : il nous a dit qu'il vous aimait: il a même cru nous l'apprendre, le pauvre petit! Ce n'était pourtant pas une nouvelle, pour moi, du moins... J'ai beau être aveugle, lorsqu'il s'agit de son fils, une mère voit toujours clair. Depuis le jour où il vous avait connue là-bas, en Suisse, la façon dont il me parlait de vous m'avait renseignée, peut-être même avant vous. Et puis l'ardeur avec laquelle il s'est mis à travailler, en rentrant à Paris, sa manière d'être, son éloignement des distractions et des plaisirs de son âge...; bref, j'avais senti depuis longtemps que ce n'était pas seulement une amie pour moi qui était entrée dans cette maison, mais une femme que mon fils aimait de toute son âme et de toute sa loyauté.

VERA

Oui, madame, je le sais.

MADAME LAFARGE

D'autre part, sérieuse et réservée comme vous l'êtes, il me semble que vous n'auriez pas laissé naître, grandir cet amour auprès de vous, si de votre côté...

VERA

Vous avez raison, madame; vous pensez bien que, malgré l'affectueux accueil que j'ai trouvé ici, je ne serais pas venue si souvent dans cette maison et, depuis trois mois, presque tous les jours, si, connaissant les sentiments de Julien, je ne les avais pas partagés. Le but commun de nos études avait d'abord créé entre nous, là-bas, quand nous étions en Suisse, un premier lien. Son ardente sympathie pour les idées que j'essaye d'*agir* nous ont aussi rapprochés...

MADAME LAFARGE

Et puis, il vous aime. Eh bien, ma chère

enfant, Julien n'a qu'un désir, c'est que vous deveniez sa femme... C'est aussi celui de ses parents. Mais il paraît que vous éprouvez quelques scrupules à vous marier.

VERA

A me remarier.

MADAME LAFARGE

Oui, je sais ce que vous allez me dire : vous êtes dans des conditions spéciales. Mais votre premier mariage fut ce qu'il devait être... pas même un mariage de raison, un simple contrat au bas duquel votre signature n'engageait strictement que votre dot. C'est bien cela, n'est-ce pas ?

VERA

Oui, madame.

MADAME LAFARGE

Votre dot fut employée comme il était convenu. Ce mariage faisait de vous, non pas une femme, mais une jeune fille pauvre. Il faut voir les choses sous leur véritable jour : le prince Boglowsky fut moins votre mari que votre obligé.

VERA

Il n'était pas mon obligé, c'est moi qui lui dois tout, au contraire. Je languissais auprès d'un père imbu de préjugés et despotique. Il m'a délivrée... il m'a faite ce que je suis, c'est-à-dire une créature libre pour qui le mariage ne sera jamais le commencement d'une intrigue, ni le début d'une carrière.

MADAME LAFARGE

C'est bien parce que j'en suis persuadée que je joins ma prière à celle de mon fils. Je vous en supplie, faites que je donne une bonne réponse à Julien, quand il rentrera. Puisque dès maintenant vous êtes ici chez vous, restez-y, ou bien je penserai que vous ne répondez pas à notre entière confiance en vous par une confiance égale.

VERA

Oh! madame.

MADAME LAFARGE

Alors, quels sont vos scrupules? Ne pouvez-vous pas me les dire?

VERA

Vous avez un cœur généreux et reconnaissant, madame. J'ai peur que vous ne vous exagériez cette reconnaissance pour le faible secours que j'ai pu apporter à votre sort.

MADAME LAFARGE

Que je m'exagère... comment?

VERA

Oui... sans doute, si vous ne m'aviez pas connue, vous auriez choisi pour Julien une jeune fille plus semblable à vos nièces, dont le passé fût plus uni, les idées moins exaltées.

MADAME LAFARGE

Vos idées sont déjà les siennes, je dirais presque les nôtres. Et puis, vous avez dû vous en apercevoir : mon mari, mon beau-frère et moi, nous sommes des bourgeois que la fortune n'a pas égarés. Nous nous sommes promis de laisser à nos enfants toute liberté dans leurs inclinations, afin qu'ils fassent le mariage de tendresse que nous avons fait nous-mêmes et dans lequel nous avons trouvé le bonheur. Nous aurions toujours respecté le choix de Julien. Nous le sanctionnons et nous l'acclamons de tout notre cœur, puisque c'est vous qu'il a choisie. C'est par des portes de joie que vous entrerez dans notre famille.

VERA

Je suis infiniment touchée, madame, de tout ce que vous me dites. Vous m'avez fait connaître la persuasion du foyer. J'étais une vagabonde ; vous m'avez enfermée doucement dans votre affection et dans votre intimité. Mais j'ai parfois la sensation d'être une prisonnière, la plus choyée, certes, des prisonnières. Pourtant, si je n'étais pas faite pour l'existence calme que vous me laissez entrevoir.

MADAME LAFARGE

Une femme est toujours faite pour aimer et pour être aimée et vous ne connaissez pas encore toute la persuasion du foyer. C'est surtout des petits êtres dans lesquels vous revivrez que vous serez tendrement prisonnière. Alors, ce jour-là, la vagabonde sera morte en vous. Allons, venez près de moi... (Vera va s'asseoir auprès de madame Lafarge.) Qu'est-ce qui vous arrête ?

VERA

J'aurais désiré d'abord achever mes études. Pauvre, je veux être capable de gagner ma vie.

MADAME LAFARGE

Pourquoi attendre? Vous nous connaissez, vous connaissez Julien...; vous savez qu'il respectera dans le mariage ce sentiment d'indépendance et ce souci de dignité auxquels vous conformez tous vos actes. Au contraire, lorsque vous serez affranchie du soin matériel de l'existence, vous n'en poursuivrez que plus facilement vos études. Pardonnez-moi si je me fais pressante; mais je suis vieille, malade, impatiente par conséquent de voir mon fils heureux. Songez donc... quand un garçon honnête et loyal comme lui a le cœur pris, c'est pour toujours. Il va rentrer tout à l'heure; il m'interrogera anxieux. Que faudra-t-il lui dire?

VERA

Vous lui direz que je suis sa fiancée.

MADAME LAFARGE

Ah! ma chère fille, venez m'embrasser.

(Vera vient dans les bras de madame Lafarge; pendant cette petite scène muette et touchante, la porte du cabinet s'est ouverte, Guillaume et Charles sont entrés.)

SCÈNE VI

VERA, MADAME LAFARGE, CHARLES, GUILLAUME

GUILLAUME

Eh bien, c'est fini, cette partie?... Qui a gagné?

MADAME LAFARGE

C'est moi!

GUILLAUME

Ça vous met dans un bel état... Comment êtes-vous quand vous perdez?

MADAME LAFARGE

Mais nous n'avons pas joué.

CHARLES

Alors, qu'y a-t-il?

MADAME LAFARGE

Tu ne devines pas?... Il y a... il y a, mon cher ami, que nous avons deux enfants.

GUILLAUME

A votre âge!

CHARLES

Ah! mademoiselle Levanoff... Vera, ma fille! Laissez-moi vous dire combien je suis heureux... je suis très heureux... je ne peux pas vous exprimer...

GUILLAUME

Mais n'exprime donc pas...; embrasse-la, ça vaudra bien mieux... Après, ce sera à moi. (Charles, en effet, embrasse Vera que Guillaume embrasse à son tour.) Ma chère nièce!

MADAME LAFARGE

Mais, dans notre joie, nous oublions ma petite Louise... Allons voir si elle va mieux. mademoiselle Levanoff, voulez-vous me conduire auprès d'elle?

VERA

Mais ,parfaitement, madame.

(Elle donne le bras à madame Lafarge et toutes deux sortent.)

SCÈNE VII

CHARLES, GUILLAUME

CHARLES

Je pleure comme une bête.

GUILLAUME

On pleure comme on peut.

CHARLES

C'est plus fort que moi, je suis très ému.

(Il se mouche avec bruit.)

GUILLAUME

Si tu te mouchais.

CHARLES

Ah! tu as de la chance, toi, de pouvoir plaisanter.

GUILLAUME

Evidemment, je n'ai pas de cœur. Après tout, je ne suis que l'oncle, n'est-ce pas?

CHARLES

Tu verras quand tu marieras ta fille. Tu me trouves ridicule.

GUILLAUME

Tout à fait ridicule.

(Lui-même se mouche avec bruit et s'essuie les yeux.)

CHARLES, le regardant.

Toi aussi?

GUILLAUME

Parbleu!

CHARLES

Ah! mon vieux Guillaume!

GUILLAUME

Mon vieux Charles! Elle est charmante, cette mademoiselle Levanoff, tout à fait bien, et si différente de Julien! Enfin, c'est pour ça, sans doute, qu'ils se sont aimés.

CHARLES

Si tu savais combien je suis heureux que tu sois revenu de tes préventions contre elle.

GUILLAUME

Oh! je n'ai jamais eu à proprement parler de préventions contre elle... Je la trouve seulement un peu mystérieuse, je ne parviens pas toujours à la définir.

CHARLES

Mystérieuse? elle est limpide, au contraire.

GUILLAUME

Dans le présent, peut-être... mais son passé apparaît à travers des brumes que nous n'arrivons pas tout de même à dissiper... Et encore, dans le présent, je la vois au milieu d'un entourage dont elle gagnerait beaucoup à être séparée.

CHARLES

Je ne suis pas de ton avis; ils se complètent. Ils forment à Paris une petite colonie très curieuse à observer. Vera et son amie Tatiana...

GUILLAUME

Celle que nous appelions, là-bas, la Fourmi...

CHARLES

Oui... toutes les deux mènent, rue Berthollet, dans le quartier des Gobelins, la même existence modeste et studieuse qu'en Suisse l'année dernière. J'ai vu le restaurant où elles prennent leur unique repas... C'est d'une frugalité touchante... J'ai même déjeuné une fois avec elles.

GUILLAUME

Une fois... et tu as dû redéjeuner, ici en rentrant.

CHARLES

Naturellement, je n'ai pas vingt ans... et puis, je ne suis pas entraîné. C'est Vera qui subvient à leurs besoins communs, avec la petite pension que lui sert une de ses tantes, depuis que son père ne veut plus entendre parler d'elle.

GUILLAUME

Diable! Ça n'est pas pour simplifier les choses!

CHARLES

Pourquoi? Vera nous avait loyalement prévenus. Elle est devenue pour son père une étrangère... Il défend qu'on prononce même son nom devant lui. Il a donné sa démission de conseiller d'Etat et s'est retiré aux environs de Saint-Pétersbourg, solitaire, taciturne et implacable.

GUILLAUME

Peut-être que si mademoiselle Levanoff y avait mis un peu du sien...

CHARLES

Elle est trop fière! Elle ne fera jamais rien pour fléchir son père...; elle mourra plutôt sans s'être réconciliée avec lui. Oh! c'est une fille admirable!

GUILLAUME

En effet.

CHARLES

Mais non... Tu comprends parfaitement ce que je veux dire.

GUILLAUME

Comme on voit bien que tu n'as pas de filles! Quoi qu'il en soit je persiste à trouver que l'autre, la Fourmi à qui l'on prête, et c'est là son moindre défaut...

CHARLES

Tu ne connais pas Tatiana!

GUILLAUME

Tu la connais, toi?

CHARLES

Je la connais... évidemment... C'est le dévouement et l'abnégation incarnés. Il ne faut pas la juger sur l'écorce qui est un peu rugueuse.

GUILLAUME

Bref, une admirable fille, elle aussi, et qui n'a sans doute pas le père qu'elle mérite.

CHARLES

Je te demande pardon. Les parents de Tatiana étaient de braves petits marchands d'Odessa. Elle est orpheline. Deux de ses frères sont morts en Sibérie. Elle se jetterait au feu pour Vera qu'elle considère comme sa sœur adoptive et pour Grigoriew, son oracle. Sur un signe de lui, elle s'éloigne, tantôt pour ranimer la propagande qui languit, tantôt pour voler au secours d'un proscrit en détresse. Elle était hier à Zurich, elle est aujourd'hui à Barcelone, demain elle sera à Londres. Elle fait cent lieues pour remettre à quelqu'un qu'elle ne connaît pas une lettre dont elle ignore le contenu. C'est un pigeon voyageur!

GUILLAUME

Elle me ferait plutôt l'effet d'un bon chien de contrebandier.

CHARLES

Si tu veux. Elle passe partout; on lui attache au cou un paquet de brochures, des instructions, des subsides; elle les porte à leur adresse, revient, se repose vingt-quatre heures et repart pour la nouvelle destination que Grigoriew lui indique.

GUILLAUME

Ah! parlons-en aussi, de celui-là!

CHARLES

Grigoriew? Qu'est-ce que tu lui reproches? D'avoir été condamné à mort? Est-ce de sa faute?

GUILLAUME

Non, c'est de la mienne. Enfin, cet homme s'est fait bannir de partout!

CHARLES

Parce qu'on ne l'a compris nulle part.

GUILLAUME

Et toi, tu le comprends?

CHARLES

C'est un homme admirable.

GUILLAUME

Lui aussi?... tous alors! Dis-moi, il vient ici?

CHARLES

Quelquefois. Il nous tient sous le charme des soirées entières. Il a vu tant de choses! Il a passé dix années de sa vie en prison.

GUILLAUME

C'est en effet une excellente condition pour voir du pays.

CHARLES

Il a rattrapé le temps perdu. D'ailleurs, il parle sans forfanterie de ses années de cachot et de carcan.

GUILLAUME

Où la forfanterie irait-elle se nicher?

CHARLES

Il a été dévoré par les rats, le scorbut a pourri ses dents et ses gencives.

GUILLAUME

Je n'aimerais pas à dîner en face de lui.

CHARLES

Et rien de tout ça ne semble avoir altéré sa santé.

GUILLAUME

Oh! pour de la santé, il en a!

CHARLES

Ni sa bonne humeur. C'est comme un lion qui ne pense plus à sa vermine quand il s'est secoué.

GUILLAUME

J'espère bien qu'il ne se secoue pas ici.

CHARLES

Tu peux plaisanter; mais, si tu l'entendais, tu serais séduit aussi; il ferait ta conquête, comme il a fait la nôtre; il a des idées si personnelles! Il y a en lui une telle force destructive!

GUILLAUME

Une force créatrice vaudrait mieux.

CHARLES

C'est comme si tu reprochais à l'entrepreneur de démolitions de n'être pas aussi architecte.

GUILLAUME

C'est plus difficile d'être architecte.

CHARLES

Le geste du démolisseur n'est pas sans beauté! Un philosophe a dit que toutes les grandes réformes accomplies ont consisté, non pas à faire quelque chose de neuf, mais à défaire quelque chose de vieux.

GUILLAUME

Mes compliments!

CHARLES

Oh! je sais bien que je ne te convaincrai pas.

GUILLAUME

Mais si... mais si... J'ai déjà envie de prendre un marteau et de démolir ce vase ancien.

CHARLES

Sois sérieux.

GUILLAUME

Commence.

CHARLES

Je suis sérieux.

GUILLAUME

C'est bien ce qui m'inquiète.

CHARLES

On s'instruit beaucoup en écoutant Grigoriew.

GUILLAUME

Je m'en aperçois... Et ta femme?

CHARLES

Ma femme?

GUILLAUME

Oui, Clotilde approuve les théories subversives de ce monsieur?

CHARLES

Elle en prend et elle en laisse, mais elle l'écoute volontiers...; il la distrait. C'est un causeur si original. Tu sais qu'il parle toutes les langues.

GUILLAUME

Je sais surtout qu'il ne les a pas dans sa poche. Mais, quand bien même il parlerait toutes les langues, qu'est-ce que ça peut faire à Clotilde qui n'en entend qu'une? Enfin, si j'ai un conseil à te donner, c'est de ne pas recevoir trop souvent cet adorable agitateur et surtout de le prier d'exercer son métier en dehors de chez toi... de chez nous.

CHARLES

Agitateur, un métier!

GUILLAUME

C'en est un.

CHARLES

Peu lucratif en tout cas; Grigoriew est toujours sans le sou.

GUILLAUME

A qui le dit-il?

CHARLES

Tu te trompes... il est fier lui aussi, à sa façon.

GUILLAUME

A sa façon, oui. Tu parlais tout à l'heure de beau geste ; jusqu'ici, je ne lui en ai vu faire qu'un : le geste auguste du tapeur.

CHARLES

Les apôtres de tous les temps ont été des tapeurs.

GUILLAUME

Le Christ, lui-même, a dit : « *Tapez*, on vous ouvrira. »

CHARLES

Le but justifie les moyens.

GUILLAUME

Les moyens, pas les expédients.

CHARLES

Grigoriew n'a jamais eu recours à des expédients.

GUILLAUME

Voyons, rappelle-toi cet argent qu'il emprunta en Suisse, à Julien, soi-disant pour faire revenir de San-Francisco je ne sais quel coreligionnaire politique compromis...

CHARLES

Zakharine.

GUILLAUME

Si tu veux. Eh bien, ce Zakharine n'est jamais revenu.

CHARLES

Est-ce une raison pour que l'argent ne lui ait pas été envoyé ? Je suis sûr, moi, qu'il l'a été... par Vera elle-même. Ah !... Si quelqu'un eut recours à un expédient, c'est donc ce Zakharine que nous ne connaissons pas, qui nous est indifférent, et non Grigoriew qui mérite toute notre estime.

GUILLAUME

La tienne suffit.

CHARLES

Oh ! libre à toi de le tenir à distance... Il n'est pas susceptible.

GUILLAUME

Sa main gauche ignore ce que sa main droite a demandé.

(Sur ces derniers mots, Joseph est entré.)

SCÈNE VIII

CHARLES, GUILLAUME, JOSEPH

CHARLES

Ah! c'est vous... Vous y avez mis le temps.

JOSEPH

Monsieur m'excusera... je rentre à l'instant seulement... l'hôtel du Caucase, c'est au diable, là-bas, rue Berthollet.

CHARLES

Enfin! vous avez vu monsieur Grigoriew?

JOSEPH

Oui... il était couché.

CHARLES

Il n'est pas malade?

JOSEPH

Non... il écrivait dans son lit, bien tranquillement.

CHARLES

Il avait reçu ma lettre?

JOSEPH

Oui, il avait oublié de répondre.

CHARLES

Enfin, viendra-t-il?

JOSEPH

Il viendra... Il a d'abord hésité. Il a dit : « C'est que j'ai dîné... » mais, pour moi, il avait seulement fait mention de dîner.

CHARLES

Que voulez-vous dire?

JOSEPH

Dame!... il y avait, à côté de lui, sur une chaise, un reste de pain et de fromage, et une carafe d'eau.

CHARLES

Bref?

JOSEPH

Il a dit qu'il allait se lever et qu'il serait là vers six heures.

CHARLES

C'est bien, allez!

(Joseph sort.)

SCÈNE IX

CHARLES, GUILLAUME

Un moment de silence et d'embarras.

GUILLAUME

Alors, je vais dîner en face de Grigoriew? Quelle bonne surprise! Pourquoi ne m'as-tu pas dit tout de suite que tu l'avais invité?

CHARLES

Parce que, d'abord, je n'étais pas sûr qu'il viendrait. Avec lui, on ne sait jamais. Oh! je ne te le donne pas comme un modèle d'exactitude... Je reconnais ses défauts comme ses qualités... Je ne suis pas comme toi qui ne lui trouves que des défauts. Alors, j'ai eu peur de te contrarier, en te disant que tu dînerais peut-être avec lui.

GUILLAUME

Il est certain que je m'en serais fort bien

dispensé. Tu n'as pas aussi invité la Fourmi? (Charles hausse les épaules.) Oh! pendant que tu y étais!

CHARLES

Tu es injuste.

GUILLAUME

Mais non, seulement ça m'inquiète, ça me chagrine même de voir avec quelle incroyable facilité tu as adopté ce Grigoriew.

CHARLES

Mais parce qu'il est l'ami de mademoiselle Levanoff.

GUILLAUME

Ça ne suffit pas.

CHARLES

Et de plus un brave homme, une haute intelligence et un grand cœur.

GUILLAUME

Que tu sois reconnaissant à mademoiselle Levanoff de la transformation inespérée qu'elle a déterminée en Clotilde, rien de plus naturel...; mais il n'est pas nécessaire que ta reconnaissance s'étende à ce sectaire compromettant.

CHARLES

Oh! compromettant...

GUILLAUME

Mais oui. Recevrais-tu de la même façon un Français qui professerait les mêmes doctrines? Vous n'auriez pas assez de domestiques, Clotilde et toi, pour le faire jeter dehors. Au fond, ce qui vous entraîne vers Grigoriew, c'est une curiosité romanesque, la même curiosité qui entraîna d'abord Julien vers mademoiselle Levanoff.

CHARLES

Oh! je t'en prie, ne rabaisse pas notre affection à des causes aussi futiles.

GUILLAUME

Enfin, tu n'en as pas moins cessé de revoir un de tes vieux amis, parce qu'il avait fait partie de la Commune. Seulement, il s'appelait Philippe, il ne s'appelait pas Philippovitch. Grigoriew bénéficie à vos yeux de sa qualité d'étranger... c'est ce qui explique votre flirt avec cet énergumène. Il vous apporte un frisson nouveau. Il arrive précédé et suivi de légendes. Anarchiste déclaré, il vous eût semblé passible du bagne ; nihiliste en tournée, vous le jugez digne de tous les respects. Vous l'admirez parce qu'il vient de loin et, aussi, parce que vous jugez égoïstement sa propagande plus inquiétante pour son pays que pour le vôtre.

CHARLES

Une propagande dont le but est d'élever les esprits au devoir social et les cœurs à la pitié n'est inquiétante pour aucun pays.

GUILLAUME

La pitié russe ! tu donnes aussi dans ce snobisme, dans cette mode qui passera comme toutes les modes.

CHARLES

Oui, mon ami, je donne dans ce snobisme, la pitié. Je crois que ce n'est pas une mode comme tu le prétends, ni un tic national, mais un sentiment universel, seulement un peu plus développé ici que là, et qu'il est bon de fortifier partout, car demander un peu plus de pitié, n'est-ce pas demander un peu plus de justice ?

GUILLAUME

Nous sommes d'accord; mais il n'est pas nécessaire de venir du Nord, en mendiant, pour apporter ces idées-là dans sa besace. Autant que toi, je suis accessible à la pitié, même à la pitié russe. Comme toi, j'ai admiré ces jeunes gens de la bourgeoisie, ces étudiants et ces étudiantes qui se mêlaient au peuple pour l'instruire et le préparer à faire pacifiquement la révolution sociale. Mais tu n'ignores pas que ce mouvement, admirable dans les commencements, a changé de caractère et qu'il est devenu le terrorisme. Vous aimez des nihilistes de rêve; vous vous imaginez des démolisseurs aux âmes tendres, à peu près comme les marquises du siècle dernier se figuraient les bergers en culottes de satin bleu et les moutons poudrés à frimas; et tu oublies trop que Grigoriew a été et est sans doute encore affilié à ces sociétés secrètes qui font dérailler les trains, minent les palais, condamnent à mort et exécutent ceux dont la mission est de maintenir l'ordre et de faire respecter les lois. Et tu changeras certainement d'avis sur son compte, le jour où ce charmeur déposera pour carte de visite P. P. C. quelque bombe à ta porte et vous fera tous sauter... pas de joie. Ce jour-là, ma pitié changera d'objet... elle sera du côté des victimes, même si ces victimes ont mérité leur sort en étant d'abord des complices.

CHARLES

Des complices! voilà bien tes exagérations.

GUILLAUME

Il n'y a pourtant pas d'autre mot.

CHARLES

Des complices! Tu es stupide.

GUILLAUME

Tu es idiot.

CHARLES

Tu es... tu es mon frère, tiens!...

GUILLAUME

Mais oui, grande bête! Que fraternité bien ordonnée commence donc entre nous!

(Ils se pressent les mains, tandis que, sur ces derniers mots, Julien est entré.)

SCÈNE X

CHARLES, GUILLAUME, JULIEN,
puis MADAME LAFARGE, VERA, GEORGETTE
et LOUISE

GUILLAUME

Ah! voilà le docteur! Bonjour, docteur.

JULIEN

Bonjour, mon oncle; bonjour, père.

GUILLAUME

Cette thèse, ça s'est bien passé?

JULIEN

Très bien, très bien. En voici les premiers exemplaires.

CHARLES, lisant.

Du système artériel chez les alcooliques.

GUILLAUME

Oh! oh!

JULIEN

Mais où donc sont ces dames?

GUILLAUME

Tu cherches mademoiselle Levanoff?

JULIEN

Je demande où est mère.

CHARLES

La voici.

(En effet, par la baie du petit salon, madame Lafarge apparaît entre ses deux nièces, Georgette et Louise... Vera les suit.)

MADAME LAFARGE

Eh bien, ce docteur... il faut aller au-devant de lui.

JULIEN

Bonjour, mère.

MADAME LAFARGE

Bonjour, mon enfant.

JULIEN, à mademoiselle Levanoff.

Bonjour, Vera.

VERA

Bonjour, Julien.

LOUISE, mettant un petit paquet dans les mains de son cousin.

Tiens, Julien.

JULIEN

Qu'est-ce que c'est?

GEORGETTE

Regarde.

(Julien défait le paquet. Ce sont des cartes de visite.)

JULIEN, lisant.

Docteur Julien Lafarge... ancien interne des hôpitaux... Ah! c'est gentil, ça, ma petite Louise... très gentil... Je te remercie. Eh bien, qu'est-ce que tu as? Tu pleures?

LOUISE

Oui... non... ne fais pas attention... C'est l'émotion, la joie... je ne sais pas.

GUILLAUME, à Julien.

Enfin, tu as des cartes de visite, c'est l'essentiel. Quant à la clientèle, elle sait ce qui lui reste à faire.

CHARLES

Espérons qu'elle ne se fera pas tirer l'oreille.

GUILLAUME

Qu'elle tire la langue, c'est tout ce qu'on lui demande. (A Vera.) Cette petite fête de famille vous étonne, mademoiselle ?

VERA

Non, pourquoi ?

GEORGETTE

Mademoiselle Levanoff nous trouve un peu ridicules.

VERA

Pas du tout, mademoiselle, un bonheur mêlé de larmes n'est jamais ridicule.

GEORGETTE

C'est que vous avez un petit sourire...

VERA

Vous vous trompez... soyez assurée que je partage votre joie à tous.

GEORGETTE

C'est en dedans, alors.

VERA

En dedans, si vous voulez.

CHARLES

Eh bien, nous autres, c'est en dehors .. nous sommes expansifs.

GUILLAUME

Car une thèse, c'est une fête pour des parents, pour des amis. N'est-ce pas la même chose en Russie?

VERA

C'est plus calme... dans notre milieu du moins. Et puis, si, par suite de circonstances improbables, Julien n'avait pas été reçu docteur, vous seriez tristes, abattus.

CHARLES

Naturellement.

VERA

Et, pourtant, ce serait le même homme ;

il n'en aurait pas moins travaillé. C'est un titre qui le transforme pour ainsi dire, à vos yeux.

CHARLES

Oh! un titre, non... C'est plutôt une consécration dont nous nous réjouissons.

GUILLAUME

Et cette consécration, mademoiselle, vous-même, ne la recherchez-vous pas? Les études que vous faites...

(Ils continuent de causer tous trois, pendant que Georgette et Louise se sont éloignées, ainsi que Julien et sa mère, formant deux petits groupes aux côtés opposés du salon.)

JULIEN

Ah! mère, comment te remercier... comme tu es gentille... comme tu es bonne. Alors, c'est vrai, elle consent?

MADAME LAFARGE

Demande-le-lui. (Haut.) Dites-moi, Guillaume, vos malles doivent être défaites; si nous allions voir ou plutôt toucher les jolies choses que vous nous avez rapportées.

GUILLAUME

Mais certainement.

(Il vient chercher madame Lafarge.)

MADAME LAFARGE

Venez-vous, mesdemoiselles?

GEORGETTE

Oui, ma tante, nous te suivons.

LOUISE, à Georgette.

Est-ce bête, hein? Je ne sais pas ce qui m'a pris.

GEORGETTE

Je le sais bien, moi.

LOUISE

Non, c'est fini. Ma migraine s'est même dissipée.

GEORGETTE

C'est le premier succès de Julien comme médecin. Je ne lui en fais pas mon compliment.

LOUISE

Georgette!

GEORGETTE

Non, c'est plus fort que moi.

(Madame Lafarge, Charles, Guillaume, puis Georgette et Louise sortent, laissant Vera et Julien seuls.)

SCÈNE XI

VERA, JULIEN

JULIEN

Ma chère Vera... ma chère Vera... alors ma mère vous a parlé.

VERA

Oui.

JULIEN

C'est donc vrai? Vous consentez à être ma femme?

VERA

Oui, Julien.

JULIEN

Elle me l'a dit, vous me le dites et, pourtant, je ne peux pas le croire.

VERA

Pourquoi? Il faut le croire... Vous voyez bien que, par une familiale complicité, on nous a laissés seuls.

JULIEN

Comme vous dites ça!... D'abord, ce n'est pas la première fois que nous sommes seuls.

VERA

Non; mais, aujourd'hui, ça a une signification.

JULIEN

Vous le regrettez?

VERA

Je ne le regrette pas; seulement, c'est cette discrétion un peu éclatante qui m'amuse. Tout à coup, d'une minute à l'autre, on nous traite en fiancés.

JULIEN

C'est tout naturel... Ne le sommes-nous pas? Ah! Vera, Vera, vous vous étonnez de bien des choses. Voyez-vous, il faut accepter nos mœurs un peu bourgeoises...; au fond, elles sont touchantes. Et puis, par cela seul que notre mariage est décidé, certainement, il y a quelque chose de changé. Songez donc! ma mère est si heureuse que vous deveniez sa fille...; elle vous a si vite adoptée. Pauvre femme, elle était rayonnante. Je ne l'avais jamais vue ainsi; elle vous aime tant! Je devrais même être jaloux que son affection ait eu raison de vos hésitations, de vos scrupules que mon amour n'avait pas su vaincre; mais je suis trop heureux, ma chère Vera, pour prendre ombrage de quoi que ce soit. Je suis heureux d'un bonheur que je voudrais crier... Je vous aime, je vous adore. Oh! si, croyez-moi, il y a quelque chose de changé. Si je vous disais que je me sens un autre homme.

VERA, *souriant.*

Mais non, vous êtes toujours le même.

JULIEN

Si, si, je sens en moi une volonté, une énergie inconnues. (*Dans sa joie, il saute par-dessus un pouf.*) Je me sens surtout plus sérieux.

VERA

Vous voulez dire plus léger.

JULIEN

Non, Vera, ne riez pas... En ce moment, je suis un peu fou, évidemment... c'est bien excusable... tous les amoureux me comprendront. Mais je vous aime sérieusement, gravement... ; je sens toute la responsabilité que je prends, seulement, je suis ivre, ivre de joie. J'avais fait tant de projets dont la réalisation m'apparaissait lointaine et peut-être impossible, et voilà qu'elle est possible et prochaine. Déjà j'organise notre vie nouvelle. D'abord, il faut que vous veniez dîner plus souvent ici... Il faut que vous veniez tous les jours. D'ailleurs, maman a l'intention de vous le demander, je vous en prie, faites ce plaisir... à maman.

VERA

Vous me rappelez une petite fille gourmande que j'ai connue autrefois. Quand nous passions devant un pâtissier, elle s'arrêtait et me disait en me montrant des gâteaux : « Tiens! voilà ceux que maman aime le mieux. » Je lui demandais : « Et toi? » Elle me répondait : « Moi aussi! »

JULIEN

Vous devez être si mal dans cette affreuse pension de la rue Berthollet.

VERA

Mais non, j'y suis en famille aussi. C'est là, en arrivant à Paris, toutes dépaysées, que nous avons trouvé, Tatiana et moi, nos premiers amis et nos premiers guides.

JULIEN

Vous en avez eu d'autres, Vera.

VERA

Sans doute, et je serais une ingrate si j'oubliais la respectueuse protection dont vous m'avez entourée, l'accueil cordial et délicat que j'ai trouvé dans votre famille; mais je serais non moins ingrate si j'abandonnais tout d'un coup mes amis dans leur affreuse pension de la rue Berthollet, comme vous dites. En effet, il y a quelque chose de changé, puisque, déjà, vous me demandez...

JULIEN

Comprenez-moi bien, ma chère Vera, je ne vous demande pas de renoncer à vos amis.

VERA

D'y renoncer, non... mais de les... comment dites-vous ? répandre, éparpiller...

JULIEN

Ah! semer.

VERA

Oui, de les semer.

JULIEN

Non plus ; mais il faudra bien que Tatiana se fasse à l'idée de prendre ses repas sans vous ; quand nous serons mariés, il n'est pas probable que son couvert soit mis à notre table.

VERA

Pourquoi donc ?

JULIEN

Oh ! moi, je l'y verrais avec plaisir ; mais elle ne viendra pas... Je sens en elle une sourde inimitié contre moi ; on dirait qu'elle me reproche de vous dérober non seulement à son affection, mais encore à je ne sais quelle mission qui vous serait réservée.

VERA

Vous la jugez mal... sur les apparences : elle vaut mieux que cela.

JULIEN

Vous lui direz que nous nous marions ?

VERA

Certainement.

JULIEN

Dès ce soir?

VERA

Non, pas dès ce soir, puisqu'elle est à Barcelone.

JULIEN

Ah ! c'est vrai.

VERA

Mais quand je la reverrai.

JULIEN

Vous aurez une scène.

VERA

Je ne suis pas de celles à qui l'on fait des scènes... je suis libre de mes actes.

JULIEN

Je le sais bien... je plaisantais... je plaisantais. Il est bien entendu que, lorsque nous serons mariés, vous verrez vos amis chez eux ou chez nous, tant que vous voudrez. Il y en a toujours un que je verrai avec plaisir : Grigoriew. C'est un homme que j'aime tant et que j'admire.

VERA

Il vous rend bien la sympathie que vous avez pour lui.

JULIEN

Je suis sûr qu'il acceptera notre union comme un événement heureux.

VERA

Ou comme un incident négligeable; Grigoriew accepte ainsi beaucoup de choses. Il a sur la vie des idées simples, primitives.

JULIEN

Et puis, il faudra que nous choisissions un appartement.

VERA

Vous vous occuperez de ça... parce que, moi...

JULIEN

Un appartement... ça se choisit ensemble.

VERA

C'est une loi ?

JULIEN

C'est un usage, une coutume... Vera ?

VERA

Quoi ?

JULIEN

Vous m'aimez ?

VERA

Voyons, Julien, si je ne vous aimais pas, tout ce que nous disons là serait bien inutile.

JULIEN

C'est vrai... Où le choisirons-nous ?

VERA

Quoi donc ?

JULIEN

Cet appartement.

VERA

Où vous voudrez.

JULIEN

Où vous voudrez.

VERA

D'ailleurs, nous avons le temps.

JULIEN

Pas tant que ça... Dites-moi, nous n'attendrons pas que vous ayez terminé vos études pour nous marier.

VERA

Non ; mais j'ai l'intention de les continuer quand nous serons mariés.

JULIEN

C'est entendu... rien ne vous en empêchera... rien ne vous en empêchera.

VERA

Mais je ne veux pas les continuer par distraction, comme vos cousines jouent du piano, brodent ou peignent sur porcelaine.

JULIEN

Non, non, vous les continuerez sérieusement... Je serai le docteur et vous la doctoresse... bien que le diplôme que vous obtiendrez vous conférera des droits que vous n'aurez pas besoin d'exercer.

VERA

Parce que ?

JULIEN

Parce que j'espère bien parvenir seul à vous faire une existence assez facile, assez large pour rendre votre assistance inutile.

VERA

Ça me surprend de vous entendre parler de la sorte... Vous savez bien que ce n'est pas ainsi que je le comprends.

JULIEN

Oui, je connais vos idées là-dessus. La femme, dans le mariage, doit être matériellement indépendante. Vous attachez une grande importance à cette question-là.

VERA

Une très grande importance, Julien.

JULIEN

Ne vous assombrissez pas... Vous ferez ce

que vous voudrez, c'est bien simple. En tout cas, vous aurez toujours une part et la meilleure dans mes travaux ; vous serez une collaboratrice intelligente, précieuse... et adorée. Vera, nous serons très heureux. Le croyez-vous au moins ?

VERA

Oui.

JULIEN

Vous m'aimez ?

VERA

Oui... Mais pourquoi me demandez-vous toujours ça ?

JULIEN

Parce que ça se demande... pour que vous me répondiez oui.

VERA

C'est ce que je fais.

JULIEN

Et je vous le demanderai encore plus d'une fois, pour en être bien sûr.

VERA

Tout de même, c'est douter de la constance

de celle que l'on aime, car, enfin, ses sentiments n'ont pas pu changer d'une minute à l'autre.

JULIEN

Oh ! quand on dit : « Vous m'aimez », on ne doute pas, on affirme presque. Quand on demande : « M'aimez-vous ? » c'est plus grave.

VERA

Vraiment ?

JULIEN

N'en doutez pas. (Un silence.) Oui, il faut nous marier le plus tôt possible ; nous sommes au mois de juin, les cours vont cesser ; nous pouvons nous marier dans six semaines ; pendant les vacances, nous ferons un beau voyage.

VERA

Parce que c'est aussi la coutume.

JULIEN

Oui... non, mais pour donner de jolis cadres à notre amour ; et, à la rentrée, vous reprendrez vos chères études. Où irons-nous ?

VERA

Où vous voudrez.

JULIEN

Où vous voudrez. Nous irons d'abord en Suisse, dans la pension où je vous ai connue. Ce serait de l'ingratitude de ne pas faire ce pèlerinage. Nous reverrons le petit salon où je vous ai parlé pour la première fois. Vous vous rappelez?

VERA

Oui, je me rappelle.

JULIEN

Vous écriviez à Grigoriew. Je suis entré... Comment ai-je osé vous parler?

VERA

Quel courage!

JULIEN

Mais oui... c'est que vous n'aviez pas l'air engageant.

VERA

C'est vrai?

JULIEN

Oh! non, mais une force invincible m'entraînait vers vous. Vera, vous m'aim?... je vous demande pardon, c'est plus fort que moi. Oui, nous reverrons la petite pension et la bonne madame Dufour, et le joli mouton noir qui donnait, oh! sans méchanceté, de grands coups de sa tête frisée dans le derrière du petit garçon qui jouait avec le sable... L'enfant tombait le nez dans ses pâtés et se relevait en riant... et c'était très familial et très suisse. Nous nous accouderons encore sur la rustique barrière qui borde les vignes et les prairies en pente et d'où nous voyions le lac aux heures brûlantes du jour, étinceler comme une coupe de lumière et s'endormir, quand la nuit tombait, accablé de silence, tandis que sur ses rives s'allumaient les feux de Genève et de Lausanne. Oui, nous reverrons la petite pension, car c'est là que mon amour, Vera, a pris sa source, timidement d'abord, dans cette première rencontre, jusqu'à devenir, par les affluents de nos premières causeries, de nos idées communes, de vos soins dévoués pour ma mère, jusqu'à devenir un grand et large fleuve qui descend avec confiance vers l'avenir.

VERA

Vous m'aimez?

JULIEN

Oui, Vera, je vous aime.

(Sur ces derniers mots, Grigoriew est entré avec Charles et Guillaume.)

SCÈNE XII

VERA, JULIEN, GRIGORIEW, CHARLES, GUILLAUME

JULIEN

Tiens! Grigoriew.

GRIGORIEW

Bonjour Julien... bonjour Vera... J'arrive un peu tôt pour dîner; mais j'avais hâte de vous annoncer une nouvelle que je viens d'apprendre à l'instant et qui vous intéresse.

VERA

Une bonne nouvelle?

GRIGORIEW

Une nouvelle. Zakharine a enfin donné signe de vie. Il a eu des histoires qu'il nous racontera; il est pour le moment en Angleterre.

VERA

Ah! Eh bien?

GRIGORIEW

Comme il y est plutôt mal, il revient en France. Il sera à Paris la semaine prochaine. Je viens d'en être informé. J'ai retenu pour lui une chambre à notre hôtel.

VERA

Vous avez bien fait.

CHARLES, *à son frère.*

Là, qu'est-ce que je te disais? (*A Grigoriew.*) Imaginez-vous que mon frère soupçonnait Zakharine... Au fait, dis toi-même de quoi tu le soupçonnais...

GUILLAUME

Je ne le soupçonnais de rien du tout. Je m'étonnais simplement qu'il vous eût fait faux bond, en quelque sorte.

GRIGORIEW

C'est une chose dont il ne faut jamais s'étonner de notre part.

GUILLAUME

Ah! bien.

GRIGORIEW, à Julien.

Donne-moi donc une cigarette, veux-tu?

JULIEN, avec empressement.

Volontiers.

(Il tend son porte-cigarettes.)

GRIGORIEW

C'est du tabac français?

JULIEN

Oui.

GRIGORIEW

Tu peux le garder. Vera, donnez-m'en une des nôtres.

JULIEN

Attendez, je vais vous chercher une allumette.

GUILLAUME, à Charles.

Dis-moi, il tutoie donc Julien?

CHARLES

Oui, il se figure l'avoir vu tout petit; c'est un cœur excellent.

GUILLAUME

Un cœur sur la main.

GRIGORIEW, à Julien.

Ah! ça, on ne te voit plus, toi.

JULIEN

J'ai été très occupé.

(Il rit.)

GRIGORIEW

Moi aussi. Pourquoi ris-tu, il n'y a pas de quoi.

JULIEN

Excusez-moi, Grigoriew, je ris parce que je suis content.

GRIGORIEW

Je pense bien que ce n'est pas parce que tu as mal aux dents.

JULIEN

Quel drôle d'homme vous faites!... Oui, il m'arrive aujourd'hui un grand bonheur; vous ne savez pas? (A son père.) Tu ne lui as rien dit?...

CHARLES

Non, non.

GUILLAUME

Nous voulions te laisser le plaisir de lui annoncer toi-même.

GRIGORIEW

Quoi? Tu as déjà sauvé un malade?

JULIEN

Il s'agit bien de ça! (Prenant la main de Vera.) Grigoriew, je vous présente ma fiancée.

GRIGORIEW

Ta fiancée... tiens, tiens.

CHARLES

Avouez que vous vous en doutiez bien un peu.

VERA

Grigoriew avouerait plutôt qu'il ne s'en doutait pas du tout.

GRIGORIEW

Ma foi, non. Vous savez, moi, ces choses-là...

CHARLES

Enfin, vous avez casé votre fille.

GUILLAUM

Oui, et sans que ça vous donne beaucoup de peine, à ce que je vois.

GRIGORIEW

Une de mes filles, car j'ai deux filles d'adoption : Tatiana, qui est orpheline, et Vera, que son père a reniée.

CHARLES

Exilé, privé de famille, vous vous en êtes refait une. C'est ce que je dis toujours à ceux qui vous représentent comme un destructeur des liens les plus sacrés.

GRIGORIEW

Le fait est que nous nous appliquons beaucoup moins à les détruire qu'à les desserrer. O famille, ô Patrie, que de crimes on commet en votre nom!

GUILLAUME

Et, pourtant, vous avez éprouvé le besoin vous et vos amis, de vous grouper et de reconstituer dans Paris même, rue Berthollet, un petit coin de votre pays.

CHARLES

Votre exemple confirme la belle parole de celui de nos poètes qui a dit : « Tout homme a deux pays, le sien, et puis la France. »

GRIGORIEW

Votre poète est borné. Tout homme a pour patrie la sienne... et toutes les autres. Je n'ai jamais senti la différence que vous faites entre un homme d'un pays et un homme d'un autre pays et j'ai souvent trouvé des compatriotes plus éloignés les uns des autres que ne le sont des individus de nationalités diverses.

GUILLAUME

Alors, vous ne croyez pas que la patrie, c'est avant tout la terre où reposent les morts qui nous ont faits ce que nous sommes?

GRIGORIEW

On ne vit pas avec les morts. Nous n'avons que des devoirs d'humanité à remplir La pierre des tombeaux est encore un boulet rivé à notre pied. Pas plus cette chaîne-là qu'une autre.

GUILLAUME

Il faut avoir le culte des morts.

GRIGORIEW

J'ai d'abord le culte des vivants. Je n'attends pas qu'il soient tombés en poussière pour leur reconnaître des vertus et des capacités.

GUILLAUME

Oui, vous êtes dans votre rôle de libre penseur.

GRIGORIEW

Oh ! vous vous exagérez beaucoup les dangers de la libre pensée. C'est la libre-arrière-pensée seulement qui pourrait vous inspirer des craintes.

CHARLES

Vous ne convaincrez pas mon frère.

GUILLAUME

Je ne demande qu'à être convaincu.

GRIGORIEW

Précisément, je prépare une campagne et, puisque j'ai l'avantage de vous rencontrer, je ne serais pas fâché de vous soumettre une petite brochure que je viens de publier. (Il fouille dans ses poches et en sort, l'un après l'autre, maints opuscules qu'il dispose sur la table.) Ah çà ! qu'en ai-je fait ?

GUILLAUME

Il manque un volume dans votre bibliothèque ?

GRIGORIEW

Vous dites bien, une petite bibliothèque circulante. Ah ! la voilà.

(Il tend la brochure à Guillaume, qui la prend.)

GUILLAUME, lisant le titre.

Le Vieux Monde régénéré par l'Anarchie... Aïe !

GRIGORIEW

C'est beaucoup plus raisonnable que vous ne pensez.

GUILLAUME

Alors, c'est au vieux monde, au vieux monde tout entier que vous en avez?

GRIGORIEW

Lisez ! lisez !

(Pendant que Guillaume feuillette la brochure, Charles et Grigoriew causent.)

CHARLES

Quand le domestique m'a dit qu'il vous avait trouvé couché, j'ai craint que vous ne fussiez souffrant.

GRIGORIEW

Je n'ai jamais été malade.

CHARLES

Même en prison ?

GRIGORIEW

Oh ! des bobos, rien du tout. Quand la tête va, tout va. Si votre domestique m'a trouvé au lit à trois heures de l'après-midi, c'est parce que je travaillais.

CHARLES

Ah !

GRIGORIEW

Oui, je ne parle bien que debout, mais je n'écris bien que couché. Quand les idées me viennent, je me couche donc. Le traversin est un excellent pupitre, les genoux aussi. J'alterne. Quand j'ai fini, je quitte mon lit et je marche... ou bien je fais des poids pour rétablir la circulation du sang.

CHARLES

C'est une méthode de travail assez peu commune.

GRIGORIEW, *à Guillaume.*

Eh bien ?

GUILLAUME

Eh bien, du train dont vous y allez, je ne vous donne pas trois mois avant d'être expulsé.

CHARLES

Ah! voilà, ce qu'il faut éviter! D'autant plus que M. Grigoriew est déjà banni d'un certain nombre de pays.

GUILLAUME

Et qu'on ne s'imagine pas la situation d'un homme expulsé de la terre.

GRIGORIEW

D'abord, pourquoi m'expulserait-on? Parce que je demande que le travailleur habite la maison qu'il a construite, porte les vêtements qu'il a taillés et cousus, mange les produits de la terre qu'il a cultivée...

GUILLAUME

Et boive le vin qu'il a tiré.

GRIGORIEW

Mais, sans doute. Tout le mal vient justement de ce que le travailleur compte là-dessus... et boit de l'eau ! Je vais parcourir les campagnes en faisant des conférences là-dessus. Seulement, c'est le diable de se faire écouter des paysans... même quand on leur apporte la bonne parole... Alors, vous ne savez pas ce que j'ai imaginé.

GUILLAUME

Non.

GRIGORIEW

Au lieu de leur faire payer un léger droit d'entrée pour ma conférence, c'est moi qui donnerai cinquante centimes, par exemple, à chacun de ceux qui viendront l'écouter. Leur intérêt me répond de leur présence, comprends-tu... (Se reprenant.) Comprenez-vous ?

GUILLAUME

Parfaitement. (A part.) Il se figure m'avoir vu tout petit.

GRIGORIEW, à Charles.

N'est-ce pas une excellente idée ?

CHARLES

Oh ! vous aurez certainement beaucoup de monde à vos conférences ; mais, justement parce que vous aurez beaucoup de monde, ça vous coûtera cher.

GRIGORIEW

Ça ne me ruinera pas.

GUILLAUME

Evidemment. Où trouverez-vous de l'argent?

GRIGORIEW

Je ferai appel à des concours sympathiques... au vôtre, par exemple.

GUILLAUME

Diable! Comme vous y allez!

GRIGORIEW

Rondement.

GUILLAUME

Je m'en aperçois; mais, je décline l'honneur que vous me faites. Voyons, sérieusement, je ne peux pas vous fournir la corde pour me pendre.

GRIGORIEW

Il n'est pas question de ça.

CHARLES

Mais non. La tentative, somme toute, est curieuse. Il faut voir ce qu'elle produira avant de la condamner. Je suis partisan de toutes les expériences loyales et je participerai à celle-ci, moi, monsieur Grigoriew.

GUILLAUME

Je ne sais pas si vous avez déjà accompli beaucoup de miracles, mais vous venez d'en faire un, là, sous mes yeux, en obtenant d'un patron une subvention pour débaucher ses ouvriers.

GRIGORIEW

Défendez-vous; je ne vous prends pas en traître. Vous serez invité à mes conférences, qui seront contradictoires. On se battra.

GUILLAUME

Trop aimable.

(Pendant toute cette conversation, Vera et Julien causent tout bas à l'écart; le domestique a servi le thé; enfin, sur les derniers mots, madame Lafarge est entrée avec Louise et Georgette.)

SCÈNE XIII

LES MÊMES, MADAME LAFARGE, GEORGETTE, LOUISE.

MADAME LAFARGE, *que Louise et Georgette ont installée sur un canapé auprès de la table où le thé est servi.*

Monsieur Grigoriew, voulez-vous prendre un verre de thé?

GRIGORIEW

Volontiers, chère dame.

(Il remonte auprès de madame Lafarge.)

MADAME LAFARGE

Mademoiselle Levanoff, venez donc auprès de moi.

VERA

Oui, madame.

GUILLAUME, *à Charles.*

Vous faites le thé à la russe, maintenant?

CHARLES

Il est bien meilleur.

GUILLAUME

On le dit.

CHARLES

C'est comme les sandwiches... au caviar...

GUILLAUME

Au caviar, parbleu!

CHARLES

Un régal. (Apercevant les brochures que Grigoriew a laissées sur la table.) Il faut veiller à ce qu'il n'en laisse traîner aucune ici, hein? Les domestiques pourraient les lire et ça n'est pas nécessaire, tu comprends.

GUILLAUME

Ça me fait plaisir de voir que tu t'en tiens à l'anarchie théorique... tu n'es pas le seul, va.

GEORGETTE, offrant un verre de thé à son père.

Mon oncle a raison : notre petit père Grigoriew est très compromettant. Sommes-nous sûrs du *drownick*[1]? Cet esclave peut parler et alors, attendons-nous à voir entrer chez nous, une nuit, le *pristav*[2] suivi de *gorodovoï*[3]. On

[1] Portier.
[2] Chef de police.
[3] Sergent de ville.

fouille dans nos papiers, on nous emballe dans un *droskhy*[1] et, fouette *iskowitsk*[2], on nous fourre tous en prison, après m'avoir cassé deux dents, comme à la fourmi. Que dirais-tu de ça, mon petit oncle ?

CHARLES

Tu te crois sans doute beaucoup d'esprit, mais je trouve ta petite tirade absolument déplacée.

GEORGETTE

Il n'est plus permis de plaisanter donc, déjà?

CHARLES

Tu ferais beaucoup mieux d'aider ta sœur.

GEORGETTE

Excuse-moi, je n'entends rien à la manœuvre du samovar. J'ai une peur bleue de cette bête-là.

GUILLAUME

Oh! la bête, ce n'est pas le samovar.

GEORGETTE

Merci, papa.

(Elle remonte auprès de madame Lafarge.)

[1] Voiture de place.
[2] Cocher.

MADAME LAFARGE

Mademoiselle Levanoff, si j'osais, je vous demanderais de nous faire un peu de musique.

VERA

Je veux bien, madame, à moins qu'une de vos nièces...

GEORGETTE

Excusez-nous, mademoiselle ; ma sœur et moi nous ne savons que l'Hymne russe, et encore ma tante prétend que nous n'y mettons pas de sentiment et que nous ne le jouons que du bout des doigts.

VERA, à madame Lafarge, qui répond par un signe d'assentiment.

Un nocturne de Chopin ?...

(Elle se met au piano et commence de jouer. Julien est derrière elle. Charles est maintenant auprès de sa femme. Grigoriew est descendu auprès de Guillaume.)

GUILLAUME

Dites-moi, monsieur Grigoriew, vous avez beaucoup connu le prince Boglowsky ?

GRIGORIEW

Intimement.

GUILLAUME

C'est vrai. On ne saurait faire que pour un ami très cher ce qu'il a fait pour vous.

GRIGORIEW

Je l'aime pour les services qu'il a rendus à la cause et non pour ce que je lui dois en particulier.

GUILLAUME

Cependant, si la reconnaissance n'est pas un vain mot...

GRIGORIEW

C'est un vain mot. La reconnaissance dégrade l'homme. Herzen a dit avec raison qu'elle dispose à l'esclavage et qu'elle est un principe d'inégalité.

GUILLAUME

Ah? Bien... Quel homme était le prince Boglowsky?

GRIGORIEW

Un cœur loyal, une énergie indomptable. Des hommes comme lui, il n'y en a pas beaucoup. Nous avons fait une grande perte en le perdant.

GUILLAUME

Quand je me rappelle les conditions singulières de son mariage avec mademoiselle Levanoff...

GRIGORIEW

Singulières?...

GUILLAUME

Dame! que deux êtres jeunes et beaux, comme le prince et sa fiancée, se quittent le soir même de leurs noces et s'en aillent, chacun de son côté, sans retourner la tête, nous ne trouvez pas ça héroïque, surhumain, vous?

GRIGORIEW

Ma foi, c'est une question que je ne me suis jamais posée... Ces choses-là ont si peu d'importance!

GUILLAUME

Pour vous peut-être, mais...

GRIGORIEW

Voilà bien les Français, il ne pensent qu'à ça!... le coq gaulois, l'alouette!

(Il remonte en riant.)

CHARLES, à Guillaume.

Il est impayable !

GUILLAUME

Impayable, non, car enfin il l'a encore fait tout à l'heure.

CHARLES

Quoi donc?

GUILLAUME

Le geste auguste du tapeur.

RIDEAU

ACTE TROISIÈME

Une chambre délabrée à l'hôtel du Caucase, rue Berthollet. Le lit de Grigoriew, à gauche, dans une alcôve. Fenêtre, à droite, garnie de rideaux sales. Porte au fond. Désordre et malpropreté. Canapé sur lequel traînent des vêtements, des journaux, des brochures. Il y en a aussi sur la cheminée, sur un rayon de bibliothèque en bois blanc, dans les placards, partout. Petite table encombrée. Autre table toilette surmontée d'une glace fêlée.

SCÈNE PREMIÈRE

VERA, TATIANA, ZAKHARINE

Tatiana écrit à la petite table à droite. Vera est assise dans l'unique fauteuil et Zakharine se tient debout, à côté d'elle... ils causent.

ZAKHARINE, allant regarder à la fenêtre.

Vous êtes sûre que Grigoriew rentrera tantôt?

VERA

Certainement, s'il vous l'a promis; mais il peut se faire qu'il rentre tard. Ce matin, après avoir laissé à Tatiana ce paquet d'épreuves à corriger, il lui a dit de les reporter à l'imprimerie, sans attendre son retour.

ZAKHARINE

C'est ennuyeux. A-t-il seulement couché ici ? Son lit n'est pas défait.

VERA

Il a dû s'étendre dessus tout habillé. Ça lui arrive souvent. Est-ce que vous comptez toujours repartir ce soir, Zakharine ?

ZAKHARINE

Oui. A moins que Grigoriew ne rentre pas Si j'avais pu prévoir son absence, je l'aurais saisi au passage. Mais je pensais le rencontrer à midi, à votre restaurant.

VERA

Il aura été retenu quelque part. Je crois bien, d'ailleurs, qu'il est sorti à cause de vous. Il a dit ce matin à Tatiana en s'en allant : « Je vais m'occuper de Zakharine. » N'est-ce pas, Tania ?

TATIANA

Oui.

ZAKHARINE

Ah ! du moment qu'il a dit ça.

(Un silence.)

VERA

J'ai pensé toute la nuit, Zakharine, au récit que vous nous avez fait hier soir. C'est épouvantable !

ZAKHARINE

Oui.

VERA

Vous étiez depuis longtemps enfermé dans la forteresse, lorsque la présence de Boglowsky vous y fut révélée?

ZAKHARINE

Depuis quelque temps, oui.

VERA

Combien de temps?

ZAKHARINE

Oh ! je ne me rappelle pas exactement. En prison, au secret absolu, n'entendant que le carillon de la cathédrale tous les quarts d'heure, j'ai vite perdu la notion du temps, vous comprenez. J'ai été arrêté à la suite des désordres de l'Université de Pétersbourg... C'était au mois de décembre 1878.

VERA

Par conséquent, cinq mois avant notre mariage et la découverte de l'imprimerie du cercle.

ZAKHARINE

Oui.

VERA

Quelle impression horrible on doit éprouver, lorsque la porte de la cellule se referme sur vous et que l'on se sent isolé, enterré pour ainsi dire vivant!

ZAKHARINE

Oh! ce n'est pas aussi horrible qu'on se l'imagine; je parle de la première impression, parce qu'ensuite, et à la longue, c'est intolérable. Mais c'est une erreur de croire que l'on se sent isolé. Comme je vous le disais, à peine est-on entré qu'on entend des petits coups mystérieux venant, à ce qu'il semble, de l'intérieur du mur. C'est un voisin, un compagnon de souffrance qui veut vous parler dans ce langage des prisons auquel on est bientôt initié. On comprend tout de suite, si on ne le sait déjà, que les légers coups sont frappés par séries et constituent un alphabet télégraphique. On répond. Presque immédiatement, d'autres coups, comme autant d'échos, sont frappés contre la brique, en haut, en bas, à droite, à gauche... Ils font le petit bruit, à peine perceptible des insectes qui rongent le bois. Il y en a aussi qui montent et descendent le long des conduites d'eau. Dès lors, on n'est plus seul. Le mur a des oreilles, une voix...

VERA

Les pierres et le fer enseignant la consolation et la pitié aux hommes... Quelle leçon!

ZAKHARINE

Quelle leçon, en effet. Le plus pénible, voyez-vous, c'est d'être privé de livres, de papier, de plumes et d'encre; on est réduit pour toute distraction, à se promener dans sa cellule, comme un ours en cage. C'est à devenir fou, et je le serais devenu certainement sans ces moyens de communiquer entre nous. Je me familiarisai bientôt avec l'alphabet télégraphique. Je pus répondre aux questions qui m'étaient posées de toutes parts. Je sus non seulement quels étaient mes voisins de cellule, mais encore les prisonniers plus éloignés de moi, et c'est ainsi qu'un jour j'appris que la cellule portant le n° 40, à l'étage supérieur, avait un nouveau locataire et que ce locataire était le prince Boglowsky.

VERA

Vous vous entreteniez fréquemment avec lui?

ZAKHARINE

Oui, puisqu'il a pu me raconter son histoire, l'histoire de votre mariage, les circonstances de son arrestation, sa blessure... tout enfin. Ah! il me parlait souvent de vous.

VERA

Et que disait-il?

ZAKHARINE

Il se demandait si vous aviez eu le temps de fuir. « Pourvu, répétait-il, qu'elle ne tombe pas dans un des pièges qu'on ne manquera pas de lui tendre, pour la faire revenir. Elle ne me sauverait pas et elle se perdrait... tandis que, même en exil, elle peut encore être utile à la cause. »

VERA

Il disait cela?

TATIANA

Mais...

(Vera lui fait signe de se taire.)

ZAKHARINE

Oui. Et puis, il me parlait aussi du mouvement des esprits, de son avenir et des sacrifices qu'il coûterait encore à plusieurs générations avant d'aboutir. Il nous répétait la parole de Herzen : « Je ne crois à rien, excepté à une poignée d'hommes, à un petit nombre d'idées et à l'impossibilité d'arrêter le mouvement. »

VERA

Boglowsky ne parlait jamais de lui?

ZAKHARINE

Très peu, et quand il en parlait, il ne se faisait pas d'illusions sur son sort. « Ou bien, disait-il, je ne sortirai pas d'ici vivant, ou bien je n'en sortirai que pour rejoindre nos camarades dans les mines. » Hélas! c'est la première de ces prophéties qui devait se réaliser.

VERA

A quel moment et comment vous êtes-vous aperçu que sa santé s'altérait?

ZAKHARINE

Vers la fin du mois d'octobre 1879... Oui, les premiers symptômes du mal qui l'a emporté coïncidèrent avec l'arrivée d'un nouveau détenu que j'ai revu depuis... et qui est mort.

VERA

Et ce mal, vous ne l'attribuez pas aux suites de sa blessure?

ZAKHARINE

Non, c'était bien le mal des prisons, un lent dépérissement, la vie empoisonnée à sa source, se retirant, jour par jour, d'un corps épuisé.

VERA

Et vous pouviez vous rendre compte de tout ça?

ZAKHARINE

Oh! oui... nous avons assisté, comme si nous fussions auprès de lui, aux premiers accès d'aliénation mentale d'un autre détenu, Rassikoff. Il s'imaginait que nous voulions tous le dénoncer... D'autres fois, il croyait voir un sac de bêtes immondes et affamées qu'on aurait introduites dans sa cellule pour le faire dévorer. C'était affreux. A la fin, on fut obligé de le transporter dans un asile.

VERA

Mais Boglowsky?

ZAKHARINE

Boglowsky était sujet aussi au vertige, au délire. Il frappait parfois des coups saccadés, inintelligibles... ou bien il restait des journées entières sans correspondre avec nous, ce qui est un mauvais signe. Nous comprenions que Boglowsky, découragé, s'abandonnait, et nous respections son silence; nous le sentions condamné.

VERA

Vous nous avez dit, hier soir, que vous aviez appris sa mort par un des soldats chargés de vous surveiller.

ZAKHARINE

Oui.

VERA

Mais n'est-il pas interdit aux soldats d'adresser la parole aux détenus et de leur répondre?

ZAKHARINE

Oui, et les soldats observent d'autant plus

rigoureusement cette consigne qu'ils sont eux-mêmes étroitement surveillés.

VERA

Alors, malgré cela, ce soldat vous a parlé?

ZAKHARINE

Il n'a pas eu besoin de parler. Un matin, il y avait trop longtemps que Boglowsky n'avait répondu à nos appels; inquiet, je voulus savoir, à tout prix, à quoi m'en tenir. Je chantai, je fis du bruit afin d'attirer l'attention de la sentinelle qui se promenait dans le corridor. Le volet du judas fut donc poussé, et je vis apparaître, dans l'ouverture, un jeune visage qui me considéra sans colère et plutôt avec bienveillance. « Par pitié, lui dis-je, un mot, un seul. Le numéro quarante est mon frère... A-t-il quitté la forteresse?... » Je ne fondais pas beaucoup d'espoir sur ma tentative. Pourtant, l'homme eut, en effet, pitié; il me regarda fixement et ses paupières s'abaissèrent. « Vivant? » Le soldat ne sourcilla pas. « Mort? » Pour la seconde fois, les paupières s'abaissèrent lentement; puis le volet se referma. Alors, je me jetai sur mon lit en sanglotant.

(Un silence. Vera pleure.)

VERA

Enfin, pour vous, la mort de Boglowsky n'est pas douteuse.

ZAKHARINE

Comment le serait-elle? J'en ai recueilli la preuve évidente dans le regard de ce jeune soldat, et, plus tard, comme je vous l'ai dit, dans le convoi dont je faisais partie, plusieurs condamnés politiques me confirmèrent la triste nouvelle.

VERA

Comment l'avaient-ils apprise, eux?

ZAKHARINE

Comme on apprend toujours une mauvaise nouvelle, à travers l'espace et les plus épaisses murailles.

VERA

Pauvres gens, je les ai peut-être connus... Vous rappelez-vous leurs noms?

ZAKHARINE

Oui, c'étaient Nazeïeff, Kapolski, Korniloff; ils sont morts aussi. (Un silence. Il s'approche de la table ou écrit Tatiana.) C'est pour Grigoriew que vous travaillez?

TATIANA, sèchement.

Oui.

ZAKHARINE

C'est sans doute les épreuves de sa lettre aux paysans, dont il m'a parlé?

TATIANA

Oui.

ZAKHARINE

Il n'y a pas moyen d'en avoir la primeur?

TATIANA, renfermant le cahier et se levant.

Non.

ZAKHARINE

A la bonne heure, voilà des épreuves qui sont bien gardées.

TATIANA

Quand on me confie quelque chose, c'est ainsi.

ZAKHARINE

Vous avez raison... un peu brusquement par exemple, mais vous avez raison. Allons, je vais attendre dans ma chambre le retour de Grigoriew. Quand il rentrera, prévenez-moi.

VERA

Oui, nous vous préviendrons.

(Il sort.)

SCÈNE II

VERA, TATIANA, puis JULIEN

Tatiana, lorsque Zakharine est parti, va prendre une vieille boîte en carton qui contient des photographies qu'elle regarde.

VERA

Qu'est-ce que tu fais?

TATIANA

Je regarde les portraits de tous ces pauvres gens dont l'autre a parlé... et qui sont morts.

VERA

Tu n'as pas été polie avec ce garçon.

TATIANA

En vérité, il s'agit bien d'être polie.

VERA

Il te demandait à voir ces épreuves, c'était

de la curiosité, sans doute, mais ce n'était pas un crime.

TATIANA

De la curiosité... oui... Veux-tu que je te dise, Verotchka? le Zakharine ne m'inspire aucune confiance.

VERA

Pourquoi?

TATIANA

Je ne disais rien; mais je l'écoutais attentivement, je t'assure... et bien des choses m'ont paru singulières.

VERA

Mais quelles choses?

TATIANA

Je te les dirai... je te les dirai...

(A ce moment on frappe.)

VERA

Entrez!

(Et c'est Julien qui entre.)

TATIANA, à mi-voix.

On avait bien besoin de celui-là!

JULIEN

Bonjour, Vera. J'ai frappé chez vous et ne

recevant pas de réponse, j'ai pensé que vous étiez chez Grigoriew. (A Tatiana.) Bonjour, mademoiselle!

TATIANA, rudement.

Bonjour!

JULIEN

Je ne vous dérange pas?

VERA

Mais non.

TATIANA

Je vais porter à l'imprimerie ce premier paquet d'épreuves.

(Elle met son chapeau et son manteau.)

JULIEN

Vous rangiez des photographies?

VERA

Non, c'est Tatiana qui les dérangeait.

JULIEN

Elles sont à Grigoriew?

VERA

Oh! non. Les portraits le laissent indifférent. Il en possédait un magnifique de son ami Bakounine; savez-vous ce qu'il en avait fait à Zurich? Un bouche-trou de tuyau de poêle. Oh! Grigoriew n'a le culte d'aucunes reliques.

JULIEN

Ce n'est pas comme vous.

VERA

J'aime ce passé qui nous accompagne. On dirait des pendules et des montres arrêtées aux heures de notre existence que nous voulons nous rappeler.

JULIEN

Puisque ces photographies vous appartiennent, il faudra que vous me permettiez de vous offrir un album où les mettre.

VERA

Gardez-vous-en bien! C'est ainsi que ces portraits me plaisent, sans cadres, en commun, pêle-mêle.

JULIEN

Est-ce drôle! Vous ne voulez jamais rien accepter de moi. J'aurais voulu pourtant vous donner quelque chose... n'importe quoi, mais dont vous vous serviez, que vous ayez constamment sous les yeux.

TATIANA, se dirigeant vers la porte.

Donnez-lui un lorgnon.

(Elle sort. Vera sourit.)

SCÈNE III

VERA, JULIEN

JULIEN

Ça vous fait rire?

VERA

Oh! non, je ne ris pas... je n'ai pas envie de rire, je vous assure.

JULIEN

Votre charmante amie ne se radoucit pas; elle a toujours pour moi la même antipathie.

VERA

Oui.

JULIEN

Vous ne le contestez pas, au moins... à la bonne heure! (Il prend des photographies dans la boîte.) C'est des nihilistes qui sont là-dedans?

VERA

Oui, des nihilistes. Pourquoi dites-vous ça d'un air méprisant?

JULIEN

Oh! pas du tout. Est-ce que le portrait de ce... de votre... Enfin, est-ce que son portrait est là-dedans?

VERA

Oui... il y est...

JULIEN

Montrez-le-moi.

VERA

C'est inutile.

JULIEN

D'ailleurs, vous n'avez même pas besoin de me le montrer... je le découvrirais entre mille. (Il lui présente une photographie.) Tenez, le voilà, Boglowsky.

VERA, très calme.

Non, celui-là c'est Nazeïeff.

JULIEN, que le calme de Vera exaspère.

Oh! naturellement, parbleu! Comme je ne connais pas non plus Nazeïeff... vous pouvez me dire le nom que vous voulez.

VERA

Vous auriez mieux fait de laisser ça tranquille.

JULIEN

Vous avez raison : il est préférable que je l'ignore. (Un silence.) Qu'est-ce que vous avez?

VERA

Rien.

JULIEN

Mais si, vous avez quelque chose... Je vous connais bien. D'abord, vous avez pleuré Pourquoi avez-vous pleuré? Vera, répondez-moi. Je veux savoir, j'ai le droit de savoir.

VERA

Je vous en prie, n'insistez pas.

JULIEN

Mais si, j'insiste. J'arrive ici, heureux de vous voir... j'ai mille choses à vous dire.

VERA

Je ne vous empêche pas de me les dire.

JULIEN

Vous ne m'encouragez pas non plus. Vous m'accueillez d'une façon glaciale.

VERA

Oh! glaciale.

JULIEN

Réservée, en tout cas. J'admets que vous soyez gênée devant Tatiana.

VERA

Comment ça, gênée?

JULIEN

Mais oui, quand elle est là, vous n'êtes plus la même. Vous n'osez pas, non, vous n'osez pas me témoigner de l'affection... on dirait vraiment que vous lui volez quelque chose. Tatiana, parbleu! avec sa peau noire et ses deux dents cassées, elle ne comprend pas qu'une femme puisse être aimée. Elle considère ça comme une offense personnelle. Mais maintenant qu'elle n'est pas là, vous n'avez plus besoin de vous contraindre et, si vous éprouvez quelque plaisir à me voir, vous pouvez bien me le témoigner, au lieu de regarder dans le vide d'un air fatal.

VERA

Ah! ce n'est pas dans le vide que je regarde. Si vous saviez, vous ne parleriez pas ainsi.

JULIEN

Encore une fois je ne demande qu'à savoir. Parlez.

VERA

A quoi bon? Vous souffrirez... vous vous mettrez en colère.

JULIEN

Je ne me mettrai pas en colère, je vous le promets et, si je souffre, tant pis pour moi! Mais tout vaut mieux que le doute, l'incertitude... tout vaut mieux que de vous voir ainsi troublée, de voir que vous avez pleuré, sans connaître la cause de votre trouble et de vos larmes. Voyons, qu'y a-t-il?

VERA

Zakharine est arrivé hier soir.

JULIEN, *avec un mouvement d'impatience.*

Ah! c'est juste; Zakharine maintenant!

VERA

Il est inutile que je continue.

JULIEN

Non, non, ne faites pas attention... Zakharine est arrivé hier soir. Eh bien?

VERA

Il était enfermé dans la même forteresse que Boglowsky.

JULIEN

Oui. Et alors ?

VERA

Il nous a raconté ses souffrances, sa maladie, son délire, son agonie, sa mort. Ah ! c'est affreux... Alors, vous comprenez...

JULIEN

Je comprends. On a parlé de l'arrestation, de l'imprimerie clandestine, des sociétés secrètes, de la propagande, de la cause... de la Cause ! Un vent de Sibérie a soufflé dans cette chambre, vous apportant la fièvre du danger et la soif du sacrifice. On a remué le passé. Votre cœur, votre pensée sont avec vos chers nihilistes et, moi, je ne suis plus rien, rien pour vous.

VERA

Vous manquez à votre promesse... Vous vous mettez en colère.

JULIEN

Ce n'est pas dans notre intimité que vous vivez, mais dans la leur ; ceux qui défendent contre moi sont légion... Et comment lutterais-je contre ces fantômes !

VERA

Des fantômes? Des hommes qui ont souffert courageusement, noblement : non, ce ne sont pas des fantômes.

JULIEN

Raison de plus !

VERA

Vous êtes injuste. Julien. Tatiana me reproche souvent de trop me détacher de ce passé : vous me reprochez, vous, d'en être trop préoccupée.

JULIEN

Oui, parce qu'il vous suit, vous presse, revêt toutes les apparences pour tromper votre nostalgie. Ce que je redoute en lui, c'est son influence sur vous; chaque fois que vous la subissez, je vous sens plus distante, plus lointaine.

VERA

Ce que m'a dit Zakharine m'a plongée dans une tristesse profonde. Vous arrivez, il faudrait soudain que je sois attentive, joyeuse, transfigurée. Eh bien, non, je ne le peux pas... je ne le peux pas... et votre présence, si agréable qu'elle me puisse être, ne me fait pas oublier tout à coup mes affections.

JULIEN

Vous n'avez pas besoin de me le dire, je le vois bien. Je vois surtout quelle place... démesurée occupe dans vos affections le prince Boglowsky.

VERA

Démesurée, pourquoi?

JULIEN

Enfin, cet homme que vous avez vu à peine quelques heures!

VERA

Je ne l'ai pas vu seulement quelques heures, vous le savez bien. C'est ce que les journaux ont raconté; mais, je vous l'ai dit, je le connaissais avant qu'il demandât ma main; nous nous étions rencontrés chez des amis communs et, entre notre mariage et son arrestation, pendant trois semaines, nous avons vécu dans la plus fraternelle amitié, dans la plus pure intimité; trois semaines remplies par des discussions enthousiastes avec cet être d'intelligence, d'énergie et de bonté. Imaginez un Grigoriew plus jeune... c'est mon maître et je suis son disciple. Quand on a connu de tels hommes, on ne les oublie jamais et, en apprenant combien mon ami a souffert, tous mes souvenirs désolés sont avec lui.

JULIEN

Et loin de moi ! Et puis c'est un héros, un martyr. Ah ! croyez bien qu'en ce moment je sens toute l'infériorité, toute la honte de n'avoir jamais été compromis dans aucun complot nihiliste, de n'avoir pas été enfermé dans une forteresse. Que voulez-vous? les rats ne m'ont pas dévoré moi... le scorbut n'a pas pourri mes gencives. Ah! je n'ai pas de chance; le sort s'est vraiment acharné contre moi.

VERA

Pourquoi parlez-vous ainsi, Julien... je n'aime pas ce genre d'ironie.

JULIEN

Moi non plus; mais il y a des instants où je ne suis plus moi-même... votre souvenir, votre douleur pour cet homme m'irritent, me torturent. Je suis jaloux de lui.

VERA

Ne croyez pas excuser ainsi votre mauvaise humeur... vous savez bien que je ne comprends pas la jalousie.

JULIEN

Naturellement, vous ne la comprenez pas. Chez vous, un homme et une femme peuvent vivre pendant trois semaines sous le même toit, côte à côte, dans la plus fraternelle amitié, dans la plus pure intimité... Vous êtes exceptionnels, surhumains, invraisemblables, abstraits! Mais moi, mon cœur bat, mon sang circule dans mes veines... je ne suis qu'un homme après tout, mais un homme qui vous aime avec tous les tourments de l'amour.

VERA

Vous mettez l'amour au-dessus de tout, l'amour souverain, l'amour vainqueur, mais l'amour égoïste aussi; il y a pourtant d'autres choses dans la vie. Cet amour, tel que vous le concevez, qui limite nos droits et nos devoirs, n'est pas tout pour moi. Il ne faut pas qu'il y ait de malentendu entre nous. Quand je vous vois ainsi, injuste, violent, amer, je suis effrayée.

JULIEN

Effrayée de quoi?

VERA

Mais de tout. Depuis que notre mariage a été décidé, vous avez changé... vous ne vous en apercevez peut-être pas. Vous détestez mes amis.

JULIEN

Je ne déteste pas Grigoriew.

VERA

Vous combattez à chaque instant mes idées. Ce que vous trouviez autrefois admirable vous le jugez maintenant invraisemblable. Un mari dominateur et ombrageux se dessine avec une netteté inquiétante dans le fiancé que vous êtes. C'est vrai, vous prenez ombrage de tout et, déjà, vous paraissez exercer une surveillance et des droits. Alors, je le répète, c'est inquiétant, parce qu'il y a certaines choses sur lesquelles je ne supporte pas de discussion, ni de contrôle.

JULIEN

Oh ! je me rends bien compte que je suis insupportable, odieux.

VERA

Odieux, non, vous allez trop loin.

JULIEN

Si, si, odieux... je me fais l'effet d'Hernani.

VERA

Hernani?

JULIEN

Oui, vous ne le connaissez pas... ce n'est pas un Russe, c'est un Espagnol. Il avait une fiancée idéale, doña Sol, qui était la pureté même, et il l'accablait d'outrages. Il l'aimait.

VERA

Ah!

JULIEN

Eperdument. En venant ici, je n'avais pas l'intention d'être désagréable. Mais, votre accueil... et puis Tatiana, Zakharine, Boglowsky, ces photographies, tout cela m'a fait du mal. Mettez-vous à ma place. J'ai peur que votre cœur, tout votre cœur ne soit avec ces gens-là. Alors, je suis jaloux et je le montre, au risque de vous chagriner, mais si vous croyez que ça m'amuse. Oui, je suis jaloux de Boglowsky... Oh! ce n'est pas beau, n'est-ce pas?

VERA

C'est surtout incompréhensible.

JULIEN

Je sais bien que Boglowsky n'a été pour vous que le moyen de vous affranchir et de servir votre cause. Pourtant je suis jaloux de ce rôle qu'il a joué dans votre vie. Tout ce qui me suggère l'idée d'un partage, même fictif, me révolte. Et puis, à travers ce que vous me dites, je comprends que c'était un homme supérieur et que je ne lui ressemblerai jamais... alors, c'est ce qui me rend agressif et méchant. Vous voyez, je me montre tel que je suis... en toute sincérité... parce que je vous aime et que je ne veux pas vous cacher mes sentiments même les plus bas...; c'est encore un hommage que je vous rends et dont vous devez être touchée.

VERA

Ah!

JULIEN

Il me semble. Et si je combats parfois vos idées, c'est encore par jalousie.

VERA

Comment cela?

JULIEN

Mais oui, je suis jaloux de vos idées, parce qu'elles sont plus généreuses que les miennes. Ce n'est pas tout à fait ma faute. Chez vous, à l'heure actuelle, pour toutes les classes, nobles, bourgeois, ouvriers, paysans, toutes les libertés sont à conquérir, tandis qu'il y a cent ans qu'en France nous les avons conquises ou à peu près. Alors la bourgeoisie combattait avec le peuple; alors elle a eu ses héros et ses martyrs. Aujourd'hui, pour que les bourgeois comme moi, auxquels la Révolution a profité, songent à ceux qu'elle a laissés dans le servage, dans la misère et dans l'ombre, il leur faut faire un plus grand effort... comprenez-vous?

VERA

Oui, je comprends... et c'est très bien que vous vous en rendiez compte. Mais, cet effort, le ferez-vous?

JULIEN

Vous m'aiderez.

VERA

Mon pauvre Julien, vous êtes donc jaloux de tout... Guérirez-vous jamais de cette jalousie?

JULIEN

Oui, Vera, c'est vous qui m'en guérirez, lorsque vous m'appartiendrez.

VERA

J'en doute.

JULIEN

Il ne faut pas en douter. Auprès de vous, est-ce que je ne cherche pas à m'améliorer?

VERA

Vous parlez sérieusement?

JULIEN

Très sérieusement... je suis plein de bonne volonté. Tenez, vous trouviez puéril que je vous demande à chaque instant : « Vous m'aimez? » Eh bien, je ne vous le demande plus.

VERA, *souriant.*

Vous avez sept ans.

JULIEN

C'est l'âge de raison. Mais aujourd'hui, je vous demande gravement et pas machinalement, je vous assure, je vous demande : ma chère Vera, m'aimez-vous?

VERA

Oui, Julien, je vous aime.

JULIEN

Alors, je vous aimerai comme vous voulez être aimée. Je vous en prie, oubliez ce que je vous ai dit tout à l'heure... j'étais si malheureux.

VERA

C'est vous-même qui vous rendez malheureux.

JULIEN

Je vous demande pardon... j'aurais dû comprendre votre tristesse et la partager, trouver les mots qui consolent.

VERA

Je ne vous en demandais pas tant... mais, au moins, un silence respectueux.

JULIEN

Oui, vous avez raison. Cependant, Vera, ne regardez pas trop dans le passé, mais dans l'avenir. Grigoriew l'a dit : « On ne vit pas avec les morts. » J'ai hâte qu'ils ne vous disputent plus à moi, et ce qui me rend malheureux, c'est l'impatience de notre bonheur. J'ai hâte de vous avoir à moi, à moi seul. Ah! Vera, mon amour, tu dis que je prétends exercer des droits; mais ne suis-je pas auprès de toi le plus timide des amants? Je n'ose même pas, quand tu me l'abandonnes, serrer trop fort ta chère petite main. (Il l'enlace.) Comment oses-tu dire que l'amour n'est pas tout, alors que ta bouche ignore le baiser, alors que tu t'ignores toi-même? Car tu es une créature d'amour, je te le jure. Il y a en toi des tendresses, des émotions, des ardeurs que tu ne soupçonnes pas. Mais je te les révélerai, je saurai te conquérir.

VERA

Julien... il faut me laisser.

JULIEN

Vera, tu es dans mes bras et te voilà toute frémissante. Vera, ma chère Vera, tu m'appartiendras bientôt, et tu comprendras que l'union intime et profonde de deux êtres, c'est le but et la raison de la vie.

(Il prend la tête de Vera dans ses mains et, longuement, l'embrasse sur les lèvres.)

VERA, troublée.

Julien! Julien!

JULIEN

Ah! je t'aime comme un fou. Et toi?

VERA

Je t'aime!

(Grigoriew entre sans frapper.)

SCÈNE IV

VERA, JULIEN, GRIGORIEW

JULIEN, *surpris.*

Ah ! Grigoriew.

GRIGORIEW

J'ai pourtant frappé... Ai-je frappé? Peu importe, je n'ai rien vu... et puis, fais donc comme chez moi... (*A Vera.*) Où est Tatiana?

VERA

Elle est allée porter un premier paquet d'épreuves à l'imprimerie.

GRIGORIEW

Et Zakharine?

VERA

Il vous attend dans sa chambre. Il a dit qu'on le prévienne quand vous rentreriez.

JULIEN

Je vais vous dire au revoir, ma chère Vera. Avec tout ça, je ne vous ai pas dit le but de ma visite. J'avais fait à ma mère, en partant, une promesse que vous allez tenir.

VERA

Ah ! laquelle ?

JULIEN

C'est que nous fixerions ensemble aujourd'hui la date de notre mariage. Je pense que six semaines...

VERA

J'ai peur que le temps ne vous manque, pour lever certaines difficultés dont vous ne paraissez pas vous douter.

JULIEN

Nous nous en sommes déjà occupés, mon père et moi, car nous savons que, proscrite par la loi, vous ne pouvez pas vous procurer, dans votre pays, les papiers nécessaires, les pièces indispensables. (Grigoriew pouffe de rire silencieusement.) Pourquoi riez-vous, Grigoriew ?

GRIGORIEW

Les papiers nécessaires, les pièces indispensables ! Je ne peux pas te dire le comique qui se dégage pour moi de ces mots-là, surtout quand il s'agit d'un homme et d'une femme qui s'aiment et désirent s'unir.

JULIEN

Évidemment, mais que voulez-vous y faire?

(A Vera.) Pour dresser un acte de notoriété remplaçant (Il regarde Grigoriew) les pièces en question, il suffit de sept témoins certifiant votre identité.

GRIGORIEW

Sept témoins !

(Il rit toujours silencieusement.)

JULIEN

Vous êtes agaçant, Grigoriew. (A Vera.) Il vous est facile de les trouver dans la colonie russe.

GRIGORIEW

Ne compte pas sur moi, toujours, je t'en préviens.

JULIEN

Comment ça !

GRIGORIEW

Non, ne compte pas sur moi pour établir l'identité de la femme que tu aimes... (Montrant Vera.) C'est elle et ça suffit.

JULIEN, à Vera.

Sept autres témoins...

GRIGORIEW

Ça fait quatorze.

JULIEN

Sept autres témoins attesteront au besoin votre veuvage, s'il vous est également impossible d'avoir l'acte de décès de votre mari. Enfin nous espérons que le maire...

GRIGORIEW

Le maire !

JULIEN

Que le maire avec qui nous avons les meilleures relations, réduira les formalités au strict nécessaire. Il est avec la loi des accommodements. Voilà qui est capable, Grigoriew, de vous réconcilier avec elle.

GRIGORIEW

Que l'on ruse avec la loi, quand elle vous gêne, rien de mieux; mais lui demander protection, lorsqu'on peut s'en passer, c'est légitimer ses exigences et ses entraves. L'homme et la femme qui ont besoin, pour s'unir, du maire et du curé, sont des malades imaginaires qui appellent le médecin. Tant pis pour eux si cet étranger leur apporte, en venant, les maladies contagieuses qu'ils n'avaient pas.

JULIEN

Tout ça est très gentil, Grigoriew, mais

vous ne savez pas quelle violence ma mère a déjà dû se faire, pour nous dispenser du mariage religieux. Il y a un an seulement, jamais elle n'y eût consenti. C'est vous, Grigoriew, et vous aussi, Vera, qui l'avez tout doucement amenée à cette concession... Par exemple, il ne faut lui demander rien de plus.

GRIGORIEW

Qui sait? Avec le temps, peut-être achèverions-nous sa conversion.

JULIEN

Avec le temps, Grigoriew, vous en parlez votre aise! On voit bien que vous n'êtes pas en cause.

GRIGORIEW

Les idées ont toujours le temps.

JULIEN

Les idées, oui, mais les hommes? Les hommes qui vieillissent et qui meurent sont pressés d'être heureux.

GRIGORIEW

Et tu tiens à être heureux dans six semaines...

JULIEN

Dame !

GRIGORIEW

Alors, pourquoi six semaines ? (Il arpente la chambre, puis revient vers Julien, devant lequel il tombe en arrêt.) Écoute-moi bien, petit... Lorsqu'en 1853, à Berne, Wilhelm Vogt, le père de Carl, donna sa fille à un jeune professeur proscrit, il la lui donna en ces termes, devant quelques amis intimes dont j'étais : « Je me mets en lieu et place du maire et « unis pour la vie ces jeunes gens. Qu'ils « soient heureux ! Je vous prie de les consi- « dérer comme mariés et de considérer « comme légitimes leurs enfants à venir. » Ce fut la première union libre. Et ça ne manquait pas de noblesse. Ça valait bien en tout cas l'allocution peu écoutée et mal sentie d'un bonhomme en écharpe.

JULIEN

Vous savez bien, Grigoriew, que ça ne dépend pas de moi. Parbleu ! comme vous, j'aimerais à m'affranchir des préjugés, mais je ne le peux pas. Je dois bon gré, mal gré, m'adapter au cadre dans lequel ma naissance et mon éducation m'ont placé.

GRIGORIEW

Tu penses que c'est à la figure à s'adapter

au cadre ? Moi, je pense exactement le contraire.

JULIEN

Quand même vous réussiriez à convaincre mes parents, je n'en resterais pas moins soumis, dans ma profession surtout, à certaines conventions sociales inéluctables. C'est la vie.

GRIGORIEW

Non, c'est ta vie. Tu ne parviendras jamais à surmonter le vieil esclave qui est en toi. Tu as le cou pelé du chien de la fable.

Ceci dit, maître Loup s'enfuit et court encore.

JULIEN

Courra-t-il longtemps ? Mieux vaut le collier que la corde.

GRIGORIEW

C'est le collier qui dit ça.

JULIEN

Grigoriew, vous êtes préhistorique, vous remontez aux cavernes.

GRIGORIEW

Si je remontais aux cavernes, comme tu le dis, je n'aurais pas beaucoup de chemin à faire, car ce ne sont pas les cavernes qui manquent. On les désigne maintenant sous d'autres noms, voilà tout.

(Un silence.)

JULIEN

Je sens bien qu'au fond vous avez raison, Grigoriew, mais les hommes qui pensent comme vous sont rares et je n'ai pas pour père un Wilhelm Vogt.

GRIGORIEW

Eh! bien, il m'eût été doux à moi qui suis devenu le vrai père de Vera, il m'eût été doux de mépriser l'opinion publique et les formes légales, en associant votre destinée, ma chère fille, à la destinée d'un gendre non pas selon le monde, mais selon mon esprit réfractaire aux décrets. Et, c'est par n'importe quel jour comme celui-ci, que, sans apprêts, sans cérémonie, sans cortège, non pas dans le décor banal d'une salle de mariage, mais ici-même,... dans cette pauvre chambre, c'est par un jour comme celui-ci, que j'aurais désiré vous unir. Alors, vous vous seriez pris simplement la main. (Vera et Julien se prennent la main.) Et je vous aurais dit : « Je ne vous demande pas les promesses contenues dans les formules apprises par cœur et que le cœur oublie. Aimez-vous au-dessus des lois. Vivez libres, justes et bons; que votre tendresse l'un pour l'autre soit le foyer d'une affection qui se répande sur tous les êtres, car votre famille est partout où quelqu'un appelle au secours. Souvenez-vous que la terre est couverte de blessés sur lesquels personne ne se penche, si ce n'est, le plus souvent, pour les dévaliser. Allez vers eux, relevez-les et donnez-leur à boire. Vous êtes, non pas parmi les privilégiés, mais parmi les heureux... faites-vous-le pardonner en travaillant pour ceux qui ne le sont pas. Jurez-vous à vous-même de consacrer votre existence à diminuer le poids des douleurs imméritées qui écrasent le monde. Pour accomplir cette tâche, vous êtes plus fort que vous ne pensez. Séparément, vous pourriez déjà faire beaucoup de bien, et vous êtes deux. Je vous unis au nom de l'amour, parce que nul n'est censé ignorer l'amour. » Voilà ce que je vous aurais dit. Mais tu ne veux pas; que ta volonté soit faite et non la mienne !

(Il regarde Vera qui tombe dans ses bras.)

JULIEN, très ému.

Ah ! mon cher Grigoriew !

GRIGORIEW

Allons, petit, pas de défilé à la sacristie...

d'autant plus qu'il y manquerait toujours ta famille. Maintenant, tu peux aller la retrouver.

JULIEN

Vous avez bien hâte de vous débarrasser de moi.

GRIGORIEW

Tu es bête... J'ai simplement à causer avec un de nos camarades qui est arrivé hier soir.

JULIEN

Zakharine?

GRIGORIEW

Oui... préviens-le donc que je l'attends... C'est la chambre au-dessous de celle-ci.

VERA

Il serait plus simple que Julien dise au bureau, en passant, qu'on le prévienne.

GRIGORIEW

Comme il voudra.

JULIEN

A bientôt, Vera, car je vous verrai ce soir, n'est-ce pas? Vous dînez à la maison. Venez de bonne heure, surtout.

VERA

Oui, oui... A bientôt, Julien.

JULIEN

Au revoir ! Grigoriew.

GRIGORIEW

Bonsoir, mon petit.

(Julien sort.)

SCÈNE V

VERA, GRIGORIEW

VERA

Alors, Zakharine repart ce soir?

GRIGORIEW

Oui.

VERA

Il ne sera pas resté longtemps auprès de nous.

GRIGORIEW

Nous avons causé une partie de la nuit. Il a eu une excellente idée. Paris n'est pas un champ d'action pour lui. Il a songé à faire de la propagande parmi les populations agricoles de la Galicie, très malheureuses et prêtes à recevoir la bonne parole. Il ne demandait que l'argent du voyage... Mon éditeur m'avance cinq cents francs sur mon livre en préparation.

VERA

On peut se fier à Zakharine ?

GRIGORIEW

Absolument. Il a donné des gages à la cause. Pourquoi me demandez-vous ça?

VERA

Parce que Tatiana dit qu'il ne lui inspire aucune confiance.

GRIGORIEW

Oh ! si vous écoutez Tatiana ! Elle voit des mouchards partout. Je parierais qu'elle regarde sous le lit et derrière les rideaux, en entrant dans sa chambre. Pleine de bonne volonté, Tatiana; mais de perspicacité, point.

VERA

Chut ! J'entends Zakharine.

(On frappe.)

GRIGORIEW

Entrez !

SCÈNE VI

VERA, GRIGORIEW, ZAKHARINE, puis TATIANA

GRIGORIEW

Salut, camarade!

ZAKHARINE

Tu as réussi dans tes démarches?

GRIGORIEW

Parfaitement.

ZAKHARINE

Ah! tant mieux.

GRIGORIEW

Mon éditeur tient à ma disposition cinq cents francs... Tout à l'heure, nous passerons les prendre.

ZAKHARINE

Oh! trois cents me suffiront. D'ailleurs, j'ai là-bas des amis... J'espère te rembourser dans quelque temps.

GRIGORIEW

Rembourser! A qui? A moi? Tu te figures donc que cet argent m'appartient? Je l'ai pris dans la circulation, je l'y remets, c'est tout naturel. Dis donc, j'espère bien que tes idées sur la propriété s'inspirent de ces principes-là, autrement il serait bien inutile de te déranger. (Cependant Tatiana est entrée : elle observe Zakharine à la dérobée. Grigoriew poursuit :) Maintenant tu sais, si tu tiens à restituer, il ne manque pas de camarades sur qui tu pourras passer ton envie.

ZAKHARINE

Allons ! je vais faire mes préparatifs de départ. Au revoir.

VERA

Au revoir, Zakharine!... Vous nous donnerez de vos nouvelles ?

GRIGORIEW

Et surtout des nouvelles de ta propagande... en langage secret, bien entendu.

ZAKHARINE

Mais ne m'as-tu pas dit que vous aviez un nouvel alphabet chiffré, parce que l'autre était brûlé?...

GRIGORIEW

C'est vrai, au fait. Tatiana, donne donc à Zakharine le nouvel alphabet.

TATIANA

Je ne sais pas où il est.

GRIGORIEW

Comment, tu ne sais pas?... Là, dans le tiroir de la table.

TATIANA, ouvrant sans hâte le tiroir et fourrageant des paperasses.

Non, il n'y est pas.

GRIGORIEW

Pourtant, il ne peut pas être perdu. Il se sera glissé dans des papiers. Cherche, petite, cherche...

TATIANA

Le temps de remuer tout ça!

ZAKHARINE

Et nous devons passer ensemble chez ton éditeur, avant d'aller à la gare.

VERA

Ecoutez, Zakharine... A quelle heure part votre train?

ZAKHARINE

Six heures vingt.

VERA

Tatiana et moi, nous allons le chercher, cet alphabet, et je vous le porterai directement à la gare.

GRIGORIEW

Eh bien, c'est ça. (A Zakharine.) Viens, nous causerons en route.

ZAKHARINE

Au revoir, Vera Levanoff. Au revoir, Tatiana!

TATIANA

Au revoir.

(Grigoriew et Zakharine sortent.)

SCÈNE VII

VERA, TATIANA

TATIANA, à Vera qui continue de fourrager sur la table.

Ne te donne pas la peine de chercher. Tiens, le voilà l'alphabet.

VERA

C'est toi qui l'avais? Pourquoi ne l'as-tu pas donné à Zakharine?

TATIANA

Parce qu'encore une fois le Zakharine ne m'inspire aucune confiance. Il ne dit pas la vérité.

VERA

Qui te fait croire ça?

TATIANA

Tout. J'ai réfléchi en route... j'ai mis de l'ordre dans mes idées.

VERA

Et le résultat?

TATIANA

C'est que les récits que cet homme nous a faits m'ont paru encore plus suspects.

VERA

Je ne vois pas...

TATIANA

Tu ne vois pas, tu ne vois pas... D'abord, pour un homme qui a perdu en prison la notion du temps, il a été bien affirmatif, bien précis en disant que les premiers symptômes du mal qui, selon lui, a emporté Boglowsky, étaient apparus à la fin d'octobre 1879.

VERA

Il a expliqué comment ces premiers symptômes avaient coïncidé avec l'entrée d'un détenu qu'il avait revu depuis.

TATIANA

Et qui est mort. Morts aussi les prétendus compagnons qui, plus tard, faisaient partie du même convoi que lui. C'est étrange, cet homme-là ne fait que parler des morts.

VERA

Mais il est vivant, lui !

TATIANA

Hélas ! Et comment les fait-il parler? Précisément, ce qui me porte à croire qu'il ment, ce sont les propos qu'il prête à Boglowsky, en ce qui te concerne : « Pourvu qu'elle ait eu le temps de fuir... pourvu qu'elle ne revienne pas... elle ne me sauverait pas et elle se perdrait. »

VERA

Eh bien?

TATIANA

Eh bien, c'est un raisonnement extraordinaire. Jamais Boglowsky n'a dit ça, je le jure... C'est si peu conforme à son caractère, lui qui risquait sa liberté et sa vie pour favoriser l'évasion de Grigoriew et venir au secours de tant d'autres. Ce qu'il fit pour ses amis, Bogłowsky devait trouver tout naturel que sa femme le fît pour lui.

VERA

Sa femme !

TATIANA

Sa camarade, si tu aimes mieux.

VERA

Boglowsky, malade, pensait sans doute autrement que celui que nous avons connu.

TATIANA

Allons donc ! Les hommes comme ceux-là, tant qu'il leur reste une lueur de raison, sont préservés de ces déchéances. Je n'admets pas qu'un homme décidé et robuste comme Boglowsky, se soit laissé abattre en si peu de temps.

VERA

Tu n'admets pas... tu n'admets pas, Tanioucha, songe à tant d'autres, aussi énergiques que lui et que la prison a tués ! Quatre murs, c'est déjà le cercueil... A prendre chaque jour, du matin au soir, la mesure de

VERA

Nous l'avons questionné, dès son arrivée. Ce qu'il nous a dit hier soir et tout à l'heure encore, est, hélas, très clair et très précis. Qu'il se soit trouvé dans la forteresse avec Boglowsky cela n'est pas douteux... Il donne des détails.

TATIANA

Il en donne trop.

VERA

Je te reconnais bien là, toujours soupçonneuse. Zakharine a parlé aussi devant Grigoriew hier soir et, dans ce qu'il disait, Grigoriew n'a trouvé rien de suspect.

TATIANA

A-t-il écouté seulement, Grigoriew? Il était distrait. En ce moment, il ne pense qu'à ses conférences, à sa lettre aux paysans. Tu sais bien comment il est.

VERA

Voyons, Tanioucha, quel intérêt Zakharine aurait-il à nous induire en erreur?

TATIANA

Ah, ça, c'est ce qu'il faudrait savoir; mais

ce n'est pas en restant ici les bras croisés que nous le saurons.

VERA

Grigoriew a raison : tu vois la trahison partout.

TATIANA

Et vous ne la voyez nulle part... vous jugez toutes les âmes d'après la vôtre. Oh ! je ne suis pas aussi intelligente que vous, mais mon instinct m'avertit du danger, mon instinct que rien ne vient distraire ni obscurcir, tandis que toi...

VERA

Tandis que moi, achève...

TATIANA

Tu as dans la tête et dans le cœur d'autres préoccupations. Je suis clairvoyante, moi, et je me souviens. Je me souviens des années où tu appartenais tout entière à la cause, Vera, des années si proches et qui sont déjà loin de toi.

VERA

Tu te trompes, Tatiana, crois-tu donc que je n'y pense pas souvent?

TATIANA

Tu n'y penses pas assez souvent; c'est le bouquet fané de ta vie. Moi je viens toujours de le cueillir et ma mémoire en est tout embaumée. C'est que je revois, comme si j'y étais, la maison des bords de la Néva, au delà des barrières, et les deux pièces composant le misérable logement où nous vivions en commun... Ah! la douce existence! Avec quel empressement et quelle joie nous rentrions dans notre masure, après quatorze heures de travail à la fabrique! On ne sentait pas la fatigue, on avait des ailes! Exercer ses droits, est un bien; mais l'âpre volonté de les conquérir! Ah! celle-là!...

VERA

Quels droits avons-nous conquis?

TATIANA

C'était le bon temps, alors! Tu trouvais succulents nos repas de pain bis, de choux-raves et de thé. Des jeunes filles de l'aristocratie que tu avais rencontrées, l'hiver précédent, au bal, faisaient le ménage, lavaient le plancher, allaient, pieds nus, chercher de l'eau. Et c'étaient elles, encore, aux réunions du soir, autour de la grande table de bois blanc, qui donnaient aux ouvriers leurs premières leçons de lecture, d'arithmétique et de géographie, tandis qu'un vieux tisserand apprenait son métier à un étudiant ou à un jeune officier démissionnaire. Jamais une querelle, jamais une offense ; on se respectait les uns les autres... Chacun pour tous, tous pour chacun. Quelquefois, tu nous lisais des fragments de ce roman... traduit du français, tu sais?

VERA

L'Histoire d'un paysan.

TATIANA

Oui, la nuit de l'ancien régime et l'aube du nouveau. Comme ils t'écoutaient! Comme ils mûrissaient pour la propagande!

VERA

Pour la prison ou pour l'exil. Où sont-ils maintenant? C'est le désert autour de nous.

TATIANA

Le désert, Vera? Tu dis le désert! Un désert peuplé d'ombres, alors. Evoque-les et elles t'apparaîtront. Réveille-les et aucune d'entre elles ne sera sourde à ta voix! Attends, je vais t'aider. (Elle retire de la vieille boîte en carton des photographies de tous les formats qu'elle étale sur la table.) Il y a si longtemps qu'elles dorment que nous les oublions! C'était bien la peine de les traîner derrière nous, si c'est un chariot de feuilles mortes, au lieu d'une gerbe d'épis! Tiens, regarde! C'est toute notre jeunesse qui se lève pour nous rajeunir! La table, comme autrefois, ne sera pas assez grande et il va falloir se serrer.

VERA

Oui, toutes sont là... toutes celles du cercle... et puis d'autres!

TATIANA

Fais de la place!... fais de la place!... Voici les trois sœurs, Eugénie, Maria et Nadia, condamnées pour propagande aux travaux forcés dans les mines, où leur mère les rejoignit.

VERA

Comme elles sont tristes et lasses!

TATIANA

Tristes et lasses, elles? Allons donc! Tu les regardes mal... jamais, au contraire, elles n'ont eu l'air plus vivant et plus résolu qu'aujourd'hui. Voici Olga et Aniouta, du procès des cinquante! et Bardine, si ardente, et Barbe Alexandrof, si brave!

VERA

Voici Jessa, Hélène, Katarina, Prascovia...

et Sophie qui était si modeste et si bonne... elle est morte.

TATIANA

Elle vit! son cœur n'a fait que changer de poitrine...; la preuve, tiens : Vera Zassoulitch, qui vengea sur Trépof l'injure faite à un prisonnier qu'elle ne connaissait pas...; et Batouchkowa, à qui, les gendarmes cassèrent deux dents, comme à moi! Oh! va, rien ne meurt, rien ne se perd. Voici Yakhimova, qui nous conservait une espérance, en défendant, nuit et jour, contre les rats, son enfant à la mamelle. Celle-ci, c'est un autre rongeur, le scorbut, qui la dévora; mais son mal, qui ne fait que des victimes, était moins contagieux que ses idées, qui ont fait des martyrs. Et celle-là, tu la reconnais?

VERA

Oui, c'est l'Ancienne...

TATIANA

La Princesse, qui renonça à ses titres de noblesse, à ses propriétés, à ses biens, à tout, pour suivre le décembriste, son mari, dans les mines de Sibérie. Ah! en voilà une qui ne se serait pas contentée de l'affirmation d'un Zakharine et du signe de tête de je ne sais quel soldat, pour rayer, sans contrôle, son mari du nombre des vivants.

VERA

Voilà donc où tu voulais en venir!... Mais, en me proposant l'exemple de cette femme admirable, tu oublies que Boglowsky ne fut pas mon mari.

TATIANA

En vérité, l'excuse généreuse, le noble prétexte! Que sont devenues ton ardeur et ta foi? En vain, j'essaye de les ranimer, il est trop tard... tu es perdue pour nous. Devant toutes nos camarades mortes et que je fais ressusciter, tu n'as que des paroles de tristesse et des gestes de découragement. Tu n'oses pas dire : à quoi bon? Mais l'aveu qui n'est pas sur tes lèvres, je le lisais tout à l'heure dans tes yeux! Ah! l'amour de ce Julien t'a fait vraiment tout oublier; tes soins faciles à une vieille bourgeoise aveugle ont désaltéré, il faut croire, ta soif de sacrifice... Ces Lafarge, ces étrangers, t'ont prise à nous ; tu t'es engourdie à la chaleur de leur foyer, tu t'es endormie dans leur bien-être jusqu'à considérer peut-être la mort de ton mari comme une délivrance!

VERA

Tatiana!

TATIANA

Oui, comme une délivrance! *S'il en était ainsi, une telle pensée serait déjà de ta part une trahison.*

(Elle dit ces derniers mots en russe.)

VERA

Une trahison!... Ah! tais-toi, tais-toi, c'est affreux ce que tu dis-là... je ne peux pas... je ne veux pas te répondre... Aussi bien, tu es dans un moment d'exaltation qui rend toute discussion impossible... et inutile... Tu n'es pas impartiale...; tu combats et tu détestes, en Zakharine, l'auxiliaire inconscient de Julien... Eh bien, oui, j'aime Julien et, quoique tu en dises, rien ne m'interdit de l'aimer... On ne vit pas avec les morts! J'ai promis à Julien que je serais sa femme, je me suis engagée à lui parce que j'ai le droit de disposer de moi-même... Après tout, je suis libre.

TATIANA

Il n'y a de vraiment libres que ceux qui ont renoncé à tout... et tu uses de ta liberté pour tendre les mains à des chaînes nouvelles. Mais, du moins, tu ne m'entraîneras pas dans ton esclavage. Assez longtemps j'ai été prisonnière dans cette grande ville où ma voix et mes pas se perdent. Chaque fois que je sors, il me semble que c'est pour faire la promenade hygiénique et réglementaire dans la cour d'une prison, et je vois des barreaux à toutes les fenêtres. L'inaction me pèse... Tu m'as montré où elle conduit. C'est fini... je veux agir... comprends-tu? agir... Nous n'avons plus rien à nous dire... Adieu!

VERA

Tu pars ?

TATIANA

Oui... je ne peux pas rester ici... après les paroles prononcées.

VERA

Je veux les oublier.

TATIANA

Non, tu ne dois pas les oublier. Je veux au contraire que tu t'en souviennes, car je t'ai dit ce que je pensais. J'aurais pu te le dire d'une façon moins brusque, mais tu sais comme je suis.

VERA

Je le sais et je te pardonne.

TATIANA

Non, je veux que tu me pardonnes autrement, que tu me pardonnes mieux, et c'est pour ça que j'ai résolu de partir... D'ailleurs, j'ai une mission à remplir.

VERA

Une mission? Que vas-tu faire?

TATIANA

Ecoute, Vera... vingt fois, Grigoriew m'a envoyée en mission; je n'ai jamais demandé d'explications quand on ne m'en donnait pas. Estime-moi assez pour ne pas m'interroger?

VERA

Mais envers moi, Tanioucha, tu n'es pas tenue à la même discrétion.

TATIANA

N'insiste pas, je t'en prie. C'est pour mon compte, cette fois, que je vais voyager.

VERA

Puisque tel est tón désir, je ne t'interroge pas... Tu es responsable de tes actes devant ta conscience souveraine.

TATIANA

A quand est fixé ton mariage avec Julien?

VERA

Dans six semaines.

TATIANA

Dans six semaines, bien.

VERA

Pourquoi me demandes-tu ça?

TATIANA

Pour rien. Si d'ici-là je ne suis pas revenue, fais comme si j'étais morte.

VERA

Tanioucha, nous avons toujours vécu comme deux sœurs. Un danger, un sacrifice, sera-t-il la première chose que nous ne mettrons pas en commun?

TATIANA

J'aime le danger et il n'y a pas de sacrifice de ma part. J'ai à m'acquitter envers toi. Tu m'as toujours donné plus que tu n'as reçu.

VERA

Tu ne me dois rien.

TATIANA

Tu m'as révélée à moi-même. Et qu'ai-je fait pour toi en échange?

VERA

Tu m'as aimée.

(Elles s'embrassent.)

TATIANA

Au revoir, Verotchka; mais je ne veux pas te quitter sans te laisser un souvenir de moi. Prends ce portrait... C'est celui que j'ai fait faire l'été dernier, tu te rappelles, à cette fête de banlieue que nous traversions ensemble. Je n'ai que cette épreuve. Garde-la sur toi jusqu'à mon retour. Si je ne reviens pas, promets-moi de la mettre avec les autres, là, dans le tas.

(Elle sort.)

RIDEAU

ACTE QUATRIÈME

Même décor qu'au deuxième acte.

SCÈNE PREMIÈRE

CHARLES, MADAME LAFARGE, VERA

Au lever du rideau, Charles écrit à une table.
Vera fait une lecture à madame Lafarge.

VERA, lisant.

Que mon nom ne soit rien qu'une ombre douce et vaine,
Qu'il ne cause jamais ni l'effroi, ni la peine;
Qu'un indigent l'emporte, après m'avoir parlé,
Et le garde longtemps dans son cœur désolé.

MADAME LAFARGE

L'adorable poète que cette femme!

VERA

Oui, c'est un poète du soir. Ses larmes ont la fraîcheur de la nuit tombante.

MADAME LAFARGE

Vous la comprenez comme moi. Encore

une larme de notre Desbordes-Valmore, voulez-vous ?

VERA, lisant.

C'est l'hiver, c'est le soir, près d'un feu dont la flamme
Eclaire le passé dans le fond de mon âme.
Au milieu du sommeil qui plane autour de toi,
Une forme s'élève, elle est pâle, c'est moi !
C'est moi qui viens poser mon nom sur ta pensée,
Sur ton cœur étonné de me revoir encor...

CHARLES

Je vous demande pardon... Dis-moi, Clotilde, est-ce un faire-part que nous adressons aux Clément ?

MADAME LAFARGE

Oh ! naturellement... Tu les connais..., ils considéreraient toute autre invitation comme une injure à leurs sentiments religieux.

CHARLES, à Vera.

Il faut que je vous explique, ma chère enfant : nous avons commandé deux sortes de billets ; les uns prient nos amis d'assister à la célébration du mariage à la mairie, le 17 juillet prochain ; les autres, que nous enverrons après le mariage, se bornent à un faire-part.

VERA

Je ne saisis pas bien la raison de cette différence.

CHARLES

Vous allez comprendre. Beaucoup de personnes, dans nos relations, ne nous pardonneraient pas d'avoir consenti au mariage purement civil de Julien. Un simple faire-part arrange tout, en ne mentionnant rien.

VERA

Vous ne trouvez pas ce subterfuge un peu... pénible?

MADAME LAFARGE

Si... mais c'est surtout dans l'intérêt de Julien que nous agissons ainsi. Il a déjà une clientèle à ménager.

VERA

Pourquoi, alors, ne vous en tenez-vous pas à la plus stricte intimité?

MADAME LAFARGE

Nous ne voulons pas non plus avoir l'air de nous cacher, ce serait indigne de vous.

VERA

Oh! moi.

MADAME LAFARGE

De vous et de notre famille. Mais soyez

tranquille, nous vous épargnerons la foule et l'apparat d'un grand mariage.

VERA

Je vous en suis infiniment reconnaissante.

(Sur ces derniers mots, Georgette et Louise sont entrées.)

SCÈNE II

CHARLES, MADAME LAFARGE, VERA, GEORGETTE, LOUISE, GUILLAUME

(Georgette et Louise allant embrasser Charles et madame Lafarge.)

GEORGETTE ET LOUISE

Bonjour, mon oncle; bonjour, ma tante. (Elles donnent ensuite la main à Vera.) Bonjour, mademoiselle.

MADAME LAFARGE

Vous êtes seules, mes enfants?

GEORGETTE, au moment où Guillaume entre.

Oh! non, ma tante... Père nous accompagne.

MADAME LAFARGE

Et, d'où venez-vous comme ça, tous les trois?

GUILLAUME

Vous ne devineriez jamais où mes filles m'ont entraîné : chez la couturière!

GEORGETTE, à Vera.

C'est que nous voulons faire honneur à mademoiselle Levanoff.

MADAME LAFARGE

Eh bien, et toi, ma Louise, tu ne dis rien?

GEORGETTE

Louise ne l'avouera pas, elle est inconsolable.

LOUISE, vivement.

Georgette, je ne veux pas que...

GEORGETTE

Elle est inconsolable comme moi, d'ailleurs, de ne pas quêter à l'église. C'est le plus beau moment de la cérémonie... avec l'arrivée et la sortie. Ah! les orgues, j'adore les orgues! Ça finit une toilette. Au mariage de Suzanne, l'organiste a joué la marche de *Tannhauser*. Elle est folle de Wagner.

CHARLES

C'est le nom de son mari?

GEORGETTE

Oh! mon oncle.

MADAME LAFARGE

Alors vous avez choisi vos robes?

GEORGETTE

Louise sera en bleu, avec des idées noires.

LOUISE

Si tu continues, Georgette, tu me feras beaucoup de peine... et tu seras bien avancée.

MADAME LAFARGE

Louise a raison. Pourquoi la taquines-tu?

GEORGETTE

Si l'on ne peut plus plaisanter... Moi, j'hésite encore. Ah! à propos..., la couturière m'a demandé comment serait la mariée. Figurez-vous que je n'ai pas su lui répondre. Comment sera la mariée? En blanc, naturellement. N'est-ce pas, mademoiselle?

VERA

Je n'y ai pas encore songé.

GEORGETTE

Quinze jours avant la cérémonie! Vous ne serez jamais prête. La couturière a aussi demandé si vous aviez désigné une demoiselle d'honneur de votre côté et quelle toilette elle porterait. Voilà encore une chose que je ne savais pas.

CHARLES

Il fallait demander à ton père.

GEORGETTE

N'avez-vous pas justement une amie intime, mademoiselle Tatiana, je crois, à qui vous feriez plaisir en lui donnant un bon rang dans le cortège?

VERA

Mon amie, mademoiselle, est une singulière personne pour qui le meilleur rang est le dernier.

GEORGETTE

Drôle de goût.

VERA

De toute façon, d'ailleurs, je doute qu'elle soit de retour.

GUILLAUME

Elle est toujours en voyage?

VERA

Oui.

GUILLAUME

C'est étonnant qu'elle ne vous ait pas écrit une seule fois depuis qu'elle est partie.

VERA

Elle est restée souvent plus longtemps sans donner de ses nouvelles.

GEORGETTE

Il est tout de même triste de penser que mademoiselle Tatiana ne pourra pas assister à votre mariage.

MADAME LAFARGE

Et que monsieur Grigoriew n'y sera pas non plus.

GUILLAUME

Pourquoi ça?

CHARLES

C'est vrai, tu ne sais pas la nouvelle que mademoiselle Levanoff nous a apportée tantôt. On a signifié à Grigoriew un arrêté d'expulsion. Il a vingt-quatre heures pour quitter Paris, la France. Il viendra nous dire adieu cet après-midi.

GUILLAUME

Où compte-t-il se réfugier?

VERA

En Suisse, probablement.

(Sur ces derniers mots, une femme de chambre est entrée.)

LA FEMME DE CHAMBRE, à Georgette.

Mademoiselle, on vient de chez Linzeler présenter les modèles que vous avez demandés.

GEORGETTE

Dites qu'on les porte dans le petit salon... Tu permets, ma tante?

MADAME LAFARGE

Oui, oui.

(La femme de chambre sort.)

GEORGETTE, à Vera.

Si j'osais, mademoiselle, je vous prierais de venir nous donner votre goût.

VERA

Oh! mon goût...

GEORGETTE

Il le faut. C'est pour le cadeau que nous voulons faire à Julien.

GUILLAUME

Vous ne pouvez pas vous en désintéresser.

(Vera, Georgette et Louise passent dans le second salon où l'homme de chez Linzeler a été introduit.)

CHARLES, à son frère, qui se frotte les mains.

Pourquoi donnes-tu ces signes évidents de satisfaction?

GUILLAUME

Parce que je suis content, en effet.

CHARLES

Ça ne me dit pas pourquoi.

GUILLAUME

Tu tiens à le savoir? (Baissant un peu la voix.) Je ne voudrais pas en quoi que ce soit désobliger mademoiselle Levanoff, mais la vérité, c'est que je suis enchanté de voir disparaître ainsi, naturellement, sans éclat, tout ce qui constituait à mes yeux un obstacle permanent au bonheur de Julien et à votre tranquillité. Même transformée par le mariage, par le milieu, la vie de famille, jamais mademoiselle Levanoff n'aurait eu le courage de vous défendre et de se défendre elle-même contre son cortège de loups affamés. Une heureuse circonstance vous en débarrasse...

MADAME LAFARGE

Une heureuse circonstance, le départ de monsieur Grigoriew? Vous êtes injuste, Guillaume, envers un homme qui avait pour vous, pour nous tous, une sympathie sincère.

GUILLAUME

Je serai ravi qu'il nous la conserve... à distance, voilà tout. Un jour ou l'autre, on se serait fâché.

CHARLES

Pourquoi?

GUILLAUME

Parce qu'il y a entre nous des différences essentielles et, si j'osais prononcer un mot scientifique, des différences ethniques. Je ne crois pas que les races aspirent au mélange et qu'il soit facile de l'opérer. On s'aborde, on ne se pénètre pas. Les races, malgré tout, restent distinctes et ne tiennent nullement à fusionner. Elles ont des caractères inaliénables.

CHARLES

Inaliénables, peut-être; inconciliables, non.

MADAME LAFARGE

Ce n'est pas rassurant pour le bonheur de Julien et de Vera, ce que vous dites-là.

GUILLAUME

Oh! ils s'aiment, eux, et puis il y a des exceptions. Quoi qu'il en soit, j'estime que le gouvernement, en expulsant Grigoriew, vous a ôté une jolie épine du pied.

CHARLES

Il est dans la nature des gouvernements de nous enlever du pied les épines que nous ne sentons pas et d'y laisser toutes celles qui nous blessent.

GUILLAUME

Grigoriew n'eût pas mieux dit, et quand on parle du loup...

(En effet, sur ces derniers mots, Joseph a introduit Grigoriew.)

SCÈNE III

MADAME LAFARGE, CHARLES, GUILLAUME, GRIGORIEW

GRIGORIEW

Bonjour à tous!

CHARLES, allant au-devant de lui avec empressement.

Ah! cher ami, combien nous sommes désolés!

GUILLAUME

Je vous l'avais prédit.

MADAME LAFARGE

Alors, c'est vraiment sérieux, votre expulsion?

GRIGORIEW

Très sérieux, chère dame... mais il ne faut pas prendre cette aventure au tragique. Elle est toute simple et j'en ai l'habitude. Je suis l'homme à qui l'on fait partout cette bonne plaisanterie de retirer la chaise sur laquelle il va s'asseoir. Ça pourrait être comique, si je n'étais pas prévenu; mais, comme je le suis, je ne m'assois pas, je ne m'assois nulle part, et j'évite ainsi de m'étaler par terre, vous comprenez?

MADAME LAFARGE

J'admire votre bonne humeur... Pourtant c'est une chose si triste qu'un départ!

GRIGORIEW

Mais non, mais non.

MADAME LAFARGE

On sait ce que l'on quitte et l'on ne sait pas ce qu'on va trouver.

GRIGORIEW

Justement! On sait que l'on quitte l'indifférence, l'attachement aux vieux préjugés, la servitude acceptée, et l'on espère toujours trouver ailleurs l'enthousiasme, la révolte et l'impatience de la liberté, comme les oiseaux de passage qui vont vers le printemps. Partir, c'est donc vivre un peu plus. Les départs sont joyeux!

MADAME LAFARGE

Savez-vous que vous n'êtes guère aimable?

GRIGORIEW

Je ne parle pas pour vous que je regretterai.

MADAME LAFARGE

Moins que nous ne vous regretterons nous-mêmes.

GRIGORIEW

Oh!

CHARLES

Mais oui, Grigoriew, ma femme est sincère. Votre absence va faire un grand vide ici. Clotilde la sentira d'autant plus que Julien et Vera, dans les premiers temps de leur mariage, la délaisseront un peu, nécessairement.

GRIGORIEW

Oh ! nécessairement...

CHARLES

Enfin, c'est une façon de parler. Mais comme c'est drôle ! Clotilde avait autrefois pour son fils une affection si exclusive qu'elle semblait devoir prendre ombrage de la moindre concurrence...

MADAME LAFARGE

Oh ! tu exagères...

CHARLES

Et maintenant elle serait plutôt jalouse de Julien qui va lui ravir mademoiselle Levanoff...

GUILLAUME

C'est vrai.

GRIGORIEW

Il la lui rendra.

MADAME LAFARGE

Oui... tandis que votre expulsion à vous est définitive.

GRIGORIEW

Mais non. Rien n'est définitif.

GUILLAUME

En fait d'installation, surtout.

MADAME LAFARGE

Oui, car moi, ce que je redouterais le plus, ce sont les ennuis d'une installation nouvelle, Dieu sait où?

GRIGORIEW

Et encore!... Mais c'est charmant, au contraire. Les meilleurs moments de ma vie, c'est en wagon et en bateau que je les ai passés.

CHARLES

Vous n'éprouvez pas le besoin de vous créer un intérieur?

GRIGORIEW

Il est déjà si difficile de se créer un dehors! L'essentiel pour moi, voyez-vous, en fait de mobilier, c'est un banc, le vulgaire banc des promenades sur lequel on monte pour parler et sur lequel on s'étend pour dormir. Je suis un vagabond. J'ai de la famille sur toutes les routes.

GUILLAUME

Et dans tous les squares.

GRIGORIEW

Dans les squares aussi... j'adore les enfants.

(Sur ces derniers mots, Julien est entré.)

SCÈNE IV

LES MÊMES, JULIEN

JULIEN

Bravo, Grigoriew, vous ferez sauter les miens sur vos genoux. Vous serez grand-papa Grigoriew.

GRIGORIEW

J'en doute, mon petit.

CHARLES, à Julien.

Tu ne sais pas... Il s'en va, il est expulsé.

JULIEN

Allons donc ! Mais c'est imbécile, odieux. Quel mal faisiez-vous ?

GRIGORIEW

Enfant naïf, on ne me persécute pas parce que je fais le mal, mais parce que je voudrais empêcher qu'on ne le fît.

JULIEN

Et nous qui nous réjouissions, hier encore, Vera et moi de votre retour. Nous comptions bien vous retenir et vous obliger à prendre un peu de repos.

GRIGORIEW

Le coin du feu, les pincettes, les pantoufles et la robe de chambre. A quelle heure me couche-t-on ? C'est Vera qui le demande !

JULIEN

Vera voudrait, comme moi, vous conserver auprès de nous.

GRIGORIEW

Ça, vois-tu, n'est pas gai. J'avais deux filles : l'une, Tatiana, est loin de mes yeux, et l'autre, qui est en train de mal tourner, s'éloigne de mon cœur.

JULIEN

Si Vera vous entendait, Grigoriew, vous lui feriez beaucoup de peine, car nous vous aimons sincèrement, fidèlement et n'importe où vous vous réfugierez, nous irons vous voir, je vous le promets.

SCÈNE V

LES MÊMES, JOSEPH, puis VERA

JOSEPH

Il y a là une femme qui insiste pour parler à mademoiselle Levanoff, tout de suite.

JULIEN

Vera !

(Il va la rejoindre dans le petit salon et lui répète ce qu'a dit Joseph.)

VERA, descendant.

Une femme... Quelle femme ?

JOSEPH

Une femme pas bien mise et qui a l'air d'arriver de loin.

VERA

Tatiana ?

JOSEPH

Je crois bien que c'est un nom comme ça qu'elle a dit.

CHARLES

Eh bien, mais faites-la entrer ici, nous allons nous retirer.

MADAME LAFARGE

Charles, allons dans ton bureau (A Vera.) Vous viendrez nous retrouver quand vous aurez fini de causer.

(Elle sort au bras de son mari. Guillaume les accompagne.)

VERA, à Grigoriew qui se dispose à sortir.

Restez, Grigoriew. Tatiana sera heureuse de vous rencontrer.

JULIEN

Vous ne m'en dites pas autant?

VERA

Dame!

JULIEN

C'est vrai... Les sentiments de Tatiana à mon égard n'ont pas dû changer. Que peut-elle avoir de si pressé à vous dire?

VERA

Vous le saurez tout à l'heure.

SCÈNE VI

VERA, TATIANA, GRIGORIEW

Au moment où Julien va sortir, Tatiana entre et se dirige d'abord vers lui, la main tendue, le visage ouvert.

TATIANA

Bonjour, monsieur, vous allez bien?

JULIEN, un peu surpris.

Oui... merci... mademoiselle.., et vous-même?

TATIANA

Je ne me suis jamais mieux portée.

JULIEN

Ah! tant mieux, tant mieux...

(Il sort.)

TATIANA

Eh bien, vous deux, c'est comme ça que vous me recevez?

(Elle serre la main à Grigoriew, regarde un moment Vera et l'embrasse avec effusion.)

VERA

Quelle surprise!

TATIANA

Je viens de notre hôtel, où tu n'étais pas naturellement... Alors, je suis venue ici, j'étais sûre de t'y retrouver.

VERA

Pourquoi ne m'as-tu pas avertie de ton retour?

TATIANA

A quoi bon? Je savais que je n'arriverais pas trop tard.

VERA

Que veux-tu dire?

TATIANA

Regarde-moi, Vera, regardez-moi tous les deux. Est-il possible que vous ne deviniez pas! Verotchka, tu ne te rappelles donc pas notre dernière conversation?

VERA

Boglowsky est vivant!

TATIANA

Oui.

VERA

Ah! Tania, dis vite, tout ce que tu sais.

GRIGORIEW

Où est-il? Parle.

TATIANA

Attendez, attendez. Il a d'abord travaillé dans les mines de Kara.

GRIGORIEW

Je connais.

TATIANA

Il est à présent à Srédné-Kolymsk, dans les déserts glacés du gouvernement d'Iakoutsk, au fond de la Sibérie.

VERA

Tu en es sûre?

TATIANA

Oui.

VERA

Mais comment as-tu appris?...

TATIANA

C'est toute une histoire que je vous raconterai plus tard à loisir. J'ai suivi Zakharine; je ne m'étais pas trompée, c'était un traître. (Grigoriew la regarde. Un silence.) Mais il ne pourra plus nuire à personne. On l'a trouvé mort dans un wagon de chemin de fer.

VERA

Il s'est suicidé?

TATIANA

Probablement. Les traîtres et les mouchards, dégoûtés d'eux-mêmes, se tuent quelquefois. C'est même les réhabiliter en quelque sorte, que de leur reconnaître encore ce courage-là.

VERA

Zakharine était un mouchard? En as-tu la preuve?

TATIANA

Oui. Le vivant n'a rien dit, mais le mort a parlé. On n'a eu qu'à fouiller le cadavre de Zakharine pour établir son infamie en même temps que son identité.

VERA

Tu étais donc là?

TATIANA

Oui, je me trouvais par hasard dans le même train que lui... Imaginez-vous qu'il mangeait à trois... comment dites-vous... fausses dents?

GRIGORIEW

Râteliers.

TATIANA

Qu'il mangeait à trois râteliers : au nôtre d'abord, puis à celui de la police internationale. Enfin, et c'est là le plus fort, il était également payé par ton père, Piotr Levanoff.

VERA

Par mon père? Quel intérêt avait-il à accréditer un mensonge?

TATIANA

Il pensait bien, sachant ton mari vivant, que tu voudrais le rejoindre et, comme ton père a l'ambition de rentrer en grâce, la perspective de ton retour lui donnait de l'inquiétude. Il espérait qu'un nouveau mariage te retiendrait en France et il a manœuvré pour te le faciliter.

VERA

Et alors il se serait servi de Zakharine?

TATIANA

Une lettre que j'ai entre les mains t'édifiera comme elle m'a édifiée. Elle contient, relativement à Boglowsky, les indications que je vous ai communiquées... et d'autres avec.

VERA

D'autres... Quelles autres?... explique-toi.

TATIANA

Eh! bien, c'est par mesure de clémence, de clémence! que ton mari a été transféré des mines de Kara à Srédné-Kolymsk. Il était épuisé, phtisique. On lui a accordé un sursis.

(Un silence.)

GRIGORIEW

Srédné-Kolymsk, c'est à deux mille lieues de Saint-Pétersbourg, les courriers n'y arrivent qu'une fois par an. J'ai un ami qui y fut exilé. Là, me disait-il, tout est morne et glacé... c'est l'hiver sans fin... les brouillards, l'obscurité, le silence, entre la steppe immense et la forêt impénétrable. Il évoquait les heures sombres, les longs mois d'angoisse et d'horreur qu'il avait vécus, enfermé dans sa yourta que la neige, au dehors, enveloppait jusqu'au faîte, tandis que les tristes voix de la forêt et du vent semblaient lui répéter ces paroles inexorables : à jamais dans ce tombeau... à jamais, loin, loin de ce que tu as aimé...

TATIANA

Oui, c'est là, au coin d'un maigre feu que

l'on n'éteint jamais, c'est là que le prince Boglowsky tousse et languit solitaire, sans amis, sans espoir de délivrance, ni même de secours... Des secours, d'où lui viendraient-ils?

GRIGORIEW

Tais-toi, petite; quand j'étais comme Boglowsky, je n'ai jamais désespéré... et ceux qui sont venus, je les attendais.

TATIANA

Vous étiez bien portant... tandis que lui...

GRIGORIEW

Srédné-Kolymsk... Il faudra du temps, des précautions et beaucoup d'argent pour parvenir jusque-là, s'y créer des intelligences...

TATIANA

Oh! de l'argent! Vous connaissez le proverbe.

(Elle le dit en russe.)

GRIGORIEW

Oui: « Ne possède pas cent roubles, possède cent amis. » Le proverbe a raison, à condition que les amis ne soient pas, comme nous, réduits à l'impuissance?

TATIANA

A l'impuissance?

GRIGORIEW

Évidemment; tu sais bien à quoi nous nous exposons en rentrant en Russie. En supposant même que nous puissions traverser la frontière, toi et moi nous serions arrêtés tôt ou tard.

VERA

Mais je peux y rentrer sans danger, moi.

GRIGORIEW

Non, vous n'êtes pas libre davantage... pour d'autres raisons, mais ça revient au même.

VERA

Grigoriew, ce soir, nous quitterons Paris ensemble.

GRIGORIEW

A quoi cela vous avancera-t-il?

VERA

A quitter Paris d'abord, à m'échapper de ce milieu où je ne m'appartiens pas, à être avec vous. Et puis, je demanderai l'autorisation de rejoindre mon mari.

GRIGORIEW

Êtes-vous sûre de l'obtenir, cette autorisation?

VERA

D'autres que moi l'ont obtenue.

TATIANA

La Princesse ! (Embrassant Vera.) Ah ! Verotchka, je savais bien que tu ne l'abandonnerais pas. Enfin, tu nous reviens ! Me pardonnes-tu maintenant de t'avoir parlé l'autre jour comme je l'ai fait?

VERA

Tatiana, c'est moi qui te demande pardon.

TATIANA

Oh!

(Elle se détourne très émue.)

GRIGORIEW, tendant la main à Vera.

C'est bien... Vous êtes vraiment ma fille... Mais Julien ?

VERA

Je lui parlerai. (Elle va s'asseoir à la table et écrit. Pendant qu'elle écrit, elle dit à Tatiana.) Toi, Tanioucha, tu vas retourner immédiatement à l'hôtel... ; tu payeras ma chambre, tout ce que je dois. J'écris un mot pour le logeur, afin qu'il te laisse enlever ce qui m'appartient. Tu en rempliras une malle que tu feras porter à la gare de Lyon où je t'attendrai ce soir, à neuf heures. Nous prendrons le train de neuf heures vingt-cinq pour Genève, avec Grigoriew. (Elle remet la lettre à Tatiana.) Tiens, voilà. A ce soir.

TATIANA

A ce soir.

(Elle sort.)

VERA

Grigoriew, rendez-moi un service. Priez Julien de venir me parler... Pendant que je lui parlerai, dites à ses parents ce que vous avez appris... préparez-les, sa mère surtout, à mon départ.

GRIGORIEW

C'est une jolie commission que vous me donnez là. Et Julien, ce pauvre petit... il ne s'attend pas...

VERA

Il le faut, n'est-ce pas ?

GRIGORIEW

Vous le jugez ainsi ?

VERA

Oui.

GRIGORIEW

Alors, c'est bien.

(Il sort. Quelques secondes pendant lesquelles Vera demeure pensive et grave. Puis Julien entre.)

SCÈNE VII

JULIEN, VERA

JULIEN

Grigoriew me dit que vous voulez me parler, Vera ?

VERA

Oui, Julien.

JULIEN

Tatiana ne vous a pas appris de mauvaises nouvelles ?

VERA

Vous vous rappelez qu'il y a six semaines, un homme que nous croyions être des nôtres, Zakharine, est venu nous trouver et nous a confirmé la mort du prince Boglowsky.

JULIEN

Oui.

VERA

Tatiana avait la certitude que cet homme

mentait. Alors, je l'ai traitée de folle et d'exaltée. C'est elle pourtant qui avait raison. Elle est partie pour suivre ce Zakharine et elle vient de nous annoncer que Boglowsky est vivant.

JULIEN

Ah!

VERA

Vivant.., c'est plutôt mourant qu'il faudrait dire : on l'a relégué, par mesure de clémence, à Srédné-Kolymsk, une localité du gouvernement d'Iakoutsk, au fond de la Sibérie.

JULIEN

Pauvre homme. Mieux vaudrait peut-être qu'il fût mort.

VERA

Peut-être.

JULIEN

Et vous voilà toute bouleversée.

VERA

Julien, notre mariage est impossible.

JULIEN

Impossible... Pourquoi? Nous irons nous marier en Angleterre. Je suis prêt à faire tout ce que vous voudrez... même à me passer de la sanction de la loi. J'amènerai mes parents à cette idée-là. Ils ont déjà renoncé, pour notre mariage, à la cérémonie religieuse; ils renonceront aux formalités civiles. Il le faudra bien, d'ailleurs. Au besoin, je me priverai de leur consentement. Rien ne nous empêchera d'être l'un à l'autre. Que tout cela ne vous inquiète pas.

VERA

Vous ne me comprenez pas, Julien. Je ne peux pas, légalement ou librement, devenir votre femme, parce que cette révélation me crée un devoir. Je ne peux pas, je ne veux pas laisser ainsi cet homme là-bas, seul, abandonné, malade. Grigoriew et Tatiana, proscrits, ne peuvent se rendre auprès de lui ; c'est donc moi qui irai le rejoindre.

JULIEN

Vous n'y pensez pas! Voyons, ma chère Vera, il faut examiner les choses de sang-froid. D'abord, Boglowsky est-il réellement vivant? Vous acceptez sans contrôle une nouvelle aussi grave ! De qui Tatiana l'a-t-elle apprise? Elle est suspecte, Tatiana.

VERA

Tatiana suspecte!

JULIEN

Elle est de bonne foi, sans doute, mais aussi toute prête à accueillir aveuglément ce qu'elle croit être un obstacle à notre union qu'elle n'a cessé de combattre.

VERA

Son hostilité n'irait pas jusque-là. Non, non, ce qu'elle m'a appris, elle le sait de source certaine. Comme je vous le disais, elle a suivi Zakharine et c'est sur son cadavre même qu'elle a trouvé les preuves...

JULIEN

Les preuves! Mais y en a-t-il jamais eu de ce qui se passe dans votre mystérieux pays, dans votre monde souterrain. Et qui sait si ce n'est pas un piège que l'on vous tend pour vous faire revenir et vous jeter en prison dès que vous aurez passé la frontière? Je ne vous laisserai pas partir.

VERA

Il le faut cependant.

JULIEN

Je comprends que, sur le coup, vous ayez

été affolée jusqu'à prendre une décision aussi stupéfiante...

VERA

Cette décision, je l'ai prise avec moi-même.

JULIEN

Ça ne suffit pas, vous deviez me consulter, la chose en vaut la peine... Ah! quand cette Tatiana est entrée tout à l'heure, rien qu'à la façon dont elle m'a tendu la main et dit bonjour, avec son sourire édenté, j'ai eu le pressentiment qu'un malheur me menaçait. C'est donc ça qu'elle était allée faire! Pourquoi ne me l'avez-vous pas dit?

VERA

Je ne le savais pas.

JULIEN

Ah! quelles gens extraordinaires vous faites! C'est Zakharine qui est mort à présent et c'est l'autre qui ressuscite! Mais vous n'êtes pas libre de partir, Vera... je vous aime, vous êtes ma fiancée, et vous voudriez que je vous laisse...; non, non, je ne sais même pas comment nous discutons une chose pareille.

VERA

Je ne la discute pas. Vous dites bien, Julien, je ne suis pas libre, non pas parce que je suis votre fiancée, mais parce que mon mari est vivant.

JULIEN

Votre mari!

VERA

Si vous aimez mieux, l'homme qui m'a choisie entre toutes pour l'assister dans sa propagande, qui m'a jugée digne d'être associée à sa tâche magnifique et envers qui je suis reconnaissante de cette prédilection.

JULIEN

Vous pouvez bien lui être reconnaissante : il vous a choisie entre toutes parce que, seule, vous lui apportiez la somme nécessaire à la réalisation de ses projets. Voilà comment il vous a choisie. Ne vous payez donc pas de mots, de mots qui ne font pas la monnaie de votre dot.

VERA

Vous ne devez pas parler ainsi. Sachez que l'argent n'est rien pour des hommes comme lui, et ma dot ne prenait de valeur, entre ses mains, que parce qu'elle lui permettait de venir au secours de Grigoriew, son ami.

JULIEN

Je vous demande pardon, j'ai tort... Le

prince Boglowsky est digne de tous les respects, c'est entendu. Nous aiderons Grigoriew à le sauver. Je lui fournirai l'argent nécessaire. Vous savez bien que l'argent n'est rien pour moi non plus.

VERA

C'est soi-même qu'il faut donner. La fidélité aux prisonniers leur est déjà une délivrance.

JULIEN

Voyons, expliquez-moi, ma chère Vera, car, en vérité, je n'y comprends plus rien. Vous avez contracté, en Russie, un mariage fictif pour rendre à votre cause un service éclatant, sans obliger à rien de plus votre conscience ni votre personne. Ce mariage ne comptait pas à vos yeux, ni aux yeux de Grigoriew, votre père d'adoption, puisque, l'autre jour, rappelez-vous dans cette petite chambre d'hôtel, nous nous sommes pris la main devant lui et il nous a unis au nom de l'amour, de l'amour! Et voilà que ça ne compte pas non plus. Alors, qu'est-ce qui compte dans tout ça? Comment voulez-vous que je m'y reconnaisse?

VERA

Grigoriew me croyait libre et ne nous a-t-il pas dit : « Votre présence est partout où sont ceux qui souffrent »?

JULIEN

Alors, il faudrait être sur toute la terre. Il a prononcé une belle phrase, Grigoriew, voilà tout. Il n'y a pas besoin d'aller au fond de votre Sibérie pour trouver des douleurs à consoler. Votre pitié peut s'exercer ici-même, et tout près de vous, car je suis malheureux, moi aussi. Je vous aime, je vous adore, j'ai établi toute ma vie sur cet amour. Ah! cette fois, je vous le demande anxieusement, désespérément, Vera : m'aimez-vous?

VERA

Vous êtes malheureux, Julien, et je vous plains de tout mon cœur.

JULIEN

Vous me plaignez, vous ne me répondez pas.

VERA

Comment vous répondre? Comment vous expliquer ce qui se passe en moi. Depuis que j'ai revu Tatiana, je ne suis plus la même. J'ai senti en moi une transformation soudaine ou, plutôt, je me retrouve la jeune fille que j'étais, lorsque j'ai connu Boglowsky.

JULIEN

Et c'est parce que vous retrouvez cette jeune fille qu'aujourd'hui, entre lui et moi, vous n'hésitez pas. Pour ne pas l'abandonner, c'est moi que vous abandonnez, sans vous inquiéter de ce que je deviendrai. Pour cet homme que vous avez vu à peine quelques heures, vous oubliez que, depuis un an, je suis auprès de vous, n'ayant de foi et d'espérance qu'en vous. Ma mère vous a accueillie comme une amie; elle vous chérit comme sa fille. Je vous ai confié mes projets d'avenir et mes plus doux rêves. Ah! si vous partez, c'est que vous ne m'avez jamais aimé. Alors, il ne fallait pas venir dans ma vie.

VERA

Julien, c'est vous qui êtes venu dans ma vie. Des circonstances indépendantes de ma volonté et de ma discrétion ont fait que nous nous sommes connus, alors que je ne demandais qu'à demeurer ignorée. C'est vous qui m'avez parlé le premier; je n'ai pas été provocante, vous le savez bien...; vous m'avez été sympathique, d'abord, comme un camarade d'études; mais c'est surtout l'infirmité de votre mère et l'espoir de lui être secourable qui m'ont attirée dans votre famille. Je n'ai pas encouragé vos avances et, lorsque j'ai connu vos sentiments, je n'aurais pas accepté la place qui m'était faite dans cette maison, si je ne vous avais pas aimé et si j'avais pensé qu'un jour je serais obligée de vous quitter. Oui, la sincérité de votre amour m'a touchée... je suis une femme, après tout... A vivre continuellement dans cette atmosphère d'affection, de ferveur et de tendresse, j'ai été attendrie, émue, troublée... Moi aussi, Julien, je vous ai sincèrement aimé.

(Elle pleure.)

JULIEN

Tu m'as aimé, Vera, tu m'as aimé... et tu pleures! Ah! si tu dis la vérité, il est impossible que tu t'en ailles... tu serais infidèle à trop de souvenirs. Tu t'es engagée à moi; Grigoriew nous a unis. Hier soir encore, tu étais assise, là... j'étais à tes genoux, dans l'ombre... tu penchais la tête vers moi et tu me donnais ta bouche, toute ta bouche!

VERA

Taisez-vous, Julien... taisez-vous. Ah! rappelez-vous mes hésitations, mes reculs, mes silences dont vous vous alarmiez! C'était le pressentiment de ce qui arrive aujourd'hui. J'aurais dû le comprendre et l'écouter.

JULIEN

Il est trop tard, Vera, il est trop tard. L'existence même de cet homme ne peut être un obstacle à notre bonheur.

VERA

Julien, j'entends ses plaintes à travers les vôtres. Il me presse, il me réclame.

JULIEN

Etes-vous certaine seulement qu'il pense encore à vous ! Il vous sait jeune, séduisante... il a bien dû croire que vous seriez aimée, que vous deviendriez une femme. S'il est généreux, comme vous le dites, il a dû le souhaiter.

VERA

Je ne sais pas, c'est possible... je sais seulement, si nos rôles étaient renversés, qu'il ferait pour moi ce que je veux faire pour lui.

JULIEN

Mais il est mourant, condamné..; vous arriverez pour recueillir son dernier soupir.

VERA

Ma présence illuminera ses derniers instants.

JULIEN

Et si vous arrivez trop tard?

VERA

Il n'aura pas dépendu de moi d'arriver plus tôt.

JULIEN

C'est vous seule qui vous créez des obligations et des charges envers lui... vous vous exagérez votre devoir.

VERA

Il y a des devoirs si grands qu'il n'est pas besoin de se les exagérer!

JULIEN

Vous voilà reprise par la Cause!

VERA

Oui, c'est cela.

JULIEN

Pourtant, il n'y a qu'une heure encore, vous n'ignoriez pas que des centaines de nihilistes dans les forteresses, dans les mines, en Sibérie, des hommes aussi misérables que Boglowsky, éprouvaient les mêmes souffrances. Comme lui, ils avaient froid, ils avaient faim... Vous n'entendiez pas leurs cris et leurs appels.

VERA

Je les entends maintenant.

JULIEN

Maintenant! Alors, ce n'est pas à la cause, c'est à un homme, c'est à lui que vous vous dévouez.

VERA

A lui aussi.

JULIEN

A lui surtout. Eh bien, soit. Je veux m'associer à votre tâche consolatrice... Je partirai avec vous.

VERA

C'est impossible...

JULIEN

Ah!

VERA

Je dois être seule auprès de lui.

JULIEN

Avouez donc que vous l'aimez.

VERA

Je ne savais pas que je l'aimais.

JULIEN

Ah! je comprends maintenant vos hésitations, vos reculs, vos silences; je comprends pourquoi vous étiez énigmatique.

VERA

Ce ne sont pas ceux qui se taisent qui sont le plus énigmatiques. Que savons-nous des êtres que nous n'avons jamais quittés? Et sur ceux qui nous livrent, soi-disant, toutes leurs pensées, sommes-nous beaucoup plus renseignés?

JULIEN

Moi, je vous livrais toute ma pensée et vous étiez renseignée sur moi, tandis que je ne l'étais pas sur vous. Aussi bien, vous venez d'éclaircir un doute qui, depuis longtemps, me torture... depuis que je sais que vous ne vous êtes pas séparés, sitôt après votre mariage, comme je l'avais cru d'abord, que vous avez vécu trois semaines, côte à côte..; un doute que j'écartais de toute ma confiance en vous et qui, aujourd'hui, se précise en une certitude abominable.

VERA

Julien, vous vous égarez. Je ne devrais même pas vous comprendre... ni vous répondre. Je suis la femme du prince Boglowsky, sans lui avoir jamais appartenu. La première nuit de notre union simulée, nous l'avons passée sous le même toit, lui dans sa chambre, moi dans la mienne... et, quand nous nous sommes séparés, il ne m'avait même pas embrassée.

JULIEN

Allons donc! On n'est pas nihiliste à ce point!

VERA

Êtes-vous donc sûr que la marque imprimée par la possession soit si profonde qu'il n'y en ait pas de plus indélébile? Combien d'hommes, croyant épouser une jeune fille, n'épousent à la vérité qu'une veuve? Un mari sait-il jamais à quel fiancé idéal sa femme s'est donnée d'intention, avant de se donner à lui de fait?

JULIEN

A la bonne heure, voilà qui est clair! Et c'est à moi qu'incombait la tâche de vous faire oublier cet idéal fiancé. Merci bien. C'est moi que vous aviez choisi pour ce rôle flatteur. Je vous en suis infiniment reconnaissant. J'étais un pis-aller. Votre mari ressuscite... j'ai fait l'intérim. Ah! vous nous avez bien attrapés tous tant que nous sommes.

VERA

Attrapés?

JULIEN

Parbleu! Vous arrivez ici avec une histoire de brigands ou de nihilistes, c'est la même chose; vous excitez notre admiration...

VERA

Dites plutôt votre curiosité.

JULIEN

Peu importe... Vous êtes soi-disant mariée et vierge, veuve et sans tache, vous êtes la veuve blanche, l'héroïne énigmatique. Allons donc! hypocrite seulement. La vérité est que vous n'avez jamais cessé d'aimer cet homme et d'aimer en lui non pas un camarade, un frère, mais le moins fictif des maris, le plus réel des amants. Et quel amant! Un terroriste, songez donc! On s'aime mieux, n'est-ce pas? et davantage, dans la fièvre du danger et sous la menace perpétuelle des gendarmes. Les caresses qu'on se prodigue sont censément les dernières; on les veut inoubliables et elles le sont, en effet. Où avais-je la tête, quand je vous offrais en échange de ces ivresses une vie monotone, familiale, et l'écœurante sécurité du lendemain? Votre famille d'élection est parmi ces fanatiques, ces vagabonds. Vous regrettez les émotions qu'ils vous ont fait éprouver, vous en êtes avide et c'est pour retourner à ces voluptés-là que vous êtes prête à tout quitter.

VERA

Je ne suis pas sensible à votre offense et j'aime mieux votre colère que vos larmes. Oui, je vais rejoindre ceux que vous traitez de vagabonds. Soit! J'ai vagabondé avec eux et je m'en enorgueillis. C'est envers eux que j'ai été coupable. Ah! qu'allais-je faire! J'allais m'endormir dans l'égoïsme obligé de votre existence confortable. Mais, maintenant, je me reprends... Je me reprends... Je vais respirer. Ces vagabonds, je les entends qui m'appellent, je vois leurs blessures à travers les trous de leurs guenilles et je les suivrai sur la route, à la trace de leur sang. Non, ce n'est pas à des voluptés que je retourne, mais à de la misère et à de la souffrance. Et surtout, je vais consoler et secourir le meilleur, le plus noble d'entre eux.

JULIEN

Et le plus aimé !

VERA

Certes, le plus digne d'être aimé. En tout cas, vous venez de me révéler quelle différence il y a entre vous et lui, quel abîme entre vous et moi. Nous ne nous serions jamais compris. Pour cet homme qui supporte des épreuves que vous ne seriez jamais capable d'endurer...

JULIEN

Vous n'en savez rien.

VERA

Vous n'avez pas de pitié... Vous n'avez que des paroles de mépris et de haine.

JULIEN

Vous voudriez peut-être que je l'aime...? Je le hais de toute mon âme !

VERA

Votre âme?... ne profanez pas ce mot-là!...

Vous haïssez le prince Boglowsky de toutes les forces brutales qui sont en vous. Eh bien, je vous le répète pour la dernière fois, croyez-le ou ne le croyez pas, ça m'est égal : il n'a jamais été mon amant; mais le sentiment qui a existé entre nous est inoubliable, précisément parce qu'il est pur, bien supérieur à l'amour instinctif et conventionnel à la fois, qui vous fait perdre la raison et vous jette contre moi, l'insulte à la bouche, dans le plus triste emportement.

JULIEN

Eh bien, non, tu n'iras pas le retrouver... tu n'iras pas... tu es ma femme... tu es à moi... ou alors, nous irons ensemble. Je verrai bien si c'est un camarade que vous allez platoniquement consoler, je verrai bien s'il a été votre amant. Et alors, prenez garde!... je suis capable de tout... entendez-vous! (Il la prend par les poignets et la rudoie. Au bruit de la discussion, Charles est entré, madame Lafarge le suit, seule, avançant à tâtons. Charles se précipite sur Julien et l'emmène, en essayant de le calmer.). Oui, emmenez-moi, emmenez-moi, je suis trop malheureux, je ne veux plus la voir.

SCÈNE VIII

VERA, MADAME LAFARGE

VERA va au devant de madame Lafarge et la guide vers un fauteuil en lui disant.

Je vous demande pardon, madame... Si j'avais pu prévoir, en entrant chez vous, que j'y apporterais ce désordre...; mais vous savez...

MADAME LAFARGE

Je sais... je sais qu'il n'est plus en notre pouvoir de vous retenir et j'en ai beaucoup, beaucoup de peine... C'est un grand chagrin pour moi, le premier que vous me causez. Vous partie, je vais retomber dans la nuit, nous retomberons tous dans la nuit... Vous étiez de la famille... nous le croyions, du moins. Mon oreille était suspendue à votre voix... Vous connaissiez les remèdes à mon isolement. Grâce à vous, je commençais à voir clair, à voir clair en moi.

VERA

C'est l'important : cette lueur-là ne s'éteindra jamais.

MADAME LAFARGE

En êtes-vous sûre? Asseyez-vous là encore

SCÈNE VIII

VERA, MADAME LAFARGE

VERA va au devant de madame Lafarge et la guide vers un fauteuil en lui disant.

Je vous demande pardon, madame... Si j'avais pu prévoir, en entrant chez vous, que j'y apporterais ce désordre...; mais vous savez...

MADAME LAFARGE

Je sais... je sais qu'il n'est plus en notre pouvoir de vous retenir et j'en ai beaucoup, beaucoup de peine... C'est un grand chagrin pour moi, le premier que vous me causez. Vous partie, je vais retomber dans la nuit, nous retomberons tous dans la nuit... Vous étiez de la famille... nous le croyions, du moins. Mon oreille était suspendue à votre voix... Vous connaissiez les remèdes à mon isolement. Grâce à vous, je commençais à voir clair, à voir clair en moi.

VERA

C'est l'important : cette lueur-là ne s'éteindra jamais.

MADAME LAFARGE

En êtes-vous sûre? Asseyez-vous là encore

un instant et laissez-moi vous regarder à la manière des aveugles (Elle lui passe doucement la main sur le visage en disant :) comme si ce n'était pas pour la dernière fois.

VERA

C'est pour la dernière fois.

MADAME LAFARGE

Qui sait? Peut-être reviendrez-vous un jour, libre !

VERA

Je ne crois pas.

MADAME LAFARGE

Cependant, si le prince mourait...

VERA

Il n'est pas seul, là-bas.

MADAME LAFARGE

Des étrangers, pour vous.

VERA

Des compagnons de souffrance et d'exil. Ma place est pour toujours auprès d'eux. Quoi qu'il arrive maintenant, je n'aurai plus un cœur de joie.

MADAME LAFARGE

Julien non plus. Songez-y, Vera, vous étiez tout pour lui, il vous adorait... le pauvre enfant va être bien malheureux.

VERA

Il m'oubliera : il a une famille qui se pressera autour de lui, pour le consoler. Et puis, sait-on jamais! Tout à l'heure encore, en regardant votre nièce, cette petite Louise si tendre et si douce, cet oiseau de volière, je me demandais si Julien n'avait pas été chercher bien loin, trop loin, le bonheur qui était là, tout près, et si ressemblant à son idéal de travail, d'apaisement et d'intimité, dans le cercle lumineux d'une lampe. Un oiseau de passage comme moi, on le suit des yeux un moment et l'on n'y pense bientôt plus.

MADAME LAFARGE

Ce n'est pas vrai pour l'oiseau de passage que l'infirme aperçoit du coin de la fenêtre où l'on a roulé son fauteuil; moi, je vous verrai toujours.

SCÈNE IX

VERA, MADAME LAFARGE, LOUISE

LOUISE

Père m'envoie te chercher, ma tante.

VERA

Nous parlions justement de vous, mademoiselle.

LOUISE

De moi?

VERA

Oui, je suis obligée de partir pour un long voyage. J'allais remettre cette bague à votre tante, en lui exprimant le désir que vous la portiez en souvenir de moi.

LOUISE

Mais je ne sais... je ne sais si je dois accepter... N'est-ce pas la bague que Julien vous a donnée, votre bague de fiançailles?

MADAME LAFARGE

Accepte-la, Louise, c'est moi qui t'en prie.

LOUISE

Vous pleurez, ma tante?

MADAME LAFARGE

Ne faut-il pas qu'elle emporte aussi un souvenir de moi?

(Madame Lafarge et Vera s'embrassent silencieusement; puis Vera, dont Louise a pris la place auprès de sa tante, s'éloigne doucement en mettant un doigt sur ses lèvres, gagne la porte et sort.)

RIDEAU

PARIS. — L. MARETHEUX, IMPRIMEUR, 1, RUE CASSETTE. — 7503

CHOIX DE PIÈCES

AJALBERT (JEAN). **La Fille Elisa.** Drame judiciaire en 3 actes . . . . . . 2 »
ANCEY (GEORGES). **Ces Messieurs.** Comédie en 5 actes 3 50
ARNAULT (AUGUSTE). **Le Danger.** Comédie en 3 actes. . . . . 2 »
BANVILLE (TH. DE). **Le Baiser.** Comédie en 1 acte 1 50
BARRÈS (M.). **Une Journée parlementaire.** Comédie en 3 actes . . . . 2 »
BERNSTEIN (HENRY). **Le Marché.** Comédie en 3 actes. . . . . 2 »
— **Le Détour.** Comédie en 3 actes 2 50
— **Joujou.** Comédie en 3 actes. 3 50
CAPUS (A.). **Les Maris de Léontine.** Comédie en 3 actes 3 50
— **La Bourse ou la Vie.** Comédie en 5 actes 3 50
— **La Veine.** Comédie en 4 actes 3 50
— **Les Deux Ecoles.** Comédie en 4 actes. 3 50
— **La Chatelaine.** Comédie en 4 actes 3 50
CLEMENCEAU (GEORGES). **Le Voile du Bonheur.** Pièce en 1 acte. . . . . 1 »
COOLUS (R.). **Lucette.** Pièce en 3 actes 2 50
COURTELINE (GEORGES). **Boubouroche.** Pièce en 2 actes, en prose . . 1 »
— **La Peur des coups.** Saynète en 1 acte. Illustrations de F. Fau . . . . 1 »
CRAWFORD (MARION). **Francesca di Rimini.** Drame en 5 actes. 3 50
DAUDET (A.) et ELZEAR (P.). **Le Nabab.** Pièce en 7 tableaux 2 50
DONNAY (M.). **L'Autre Danger.** Comédie en 4 actes 3 50
— **La Bascule.** Comédie en 4 actes. 3 50
— **Le Retour de Jérusalem.** Comédie en 4 actes. 3 50
GAUTIER (TH.). **Le Tricorne enchanté.** Comédie en 1 acte . . . . . . 1 »
GONCOURT (ED. et JULES DE). **La Patrie en danger.** Drame en 3 actes. 2 50
— **Germinie Lacerteux.** Pièce en 10 tableaux. 2 50
GUICHES (GUSTAVE). **Le Nuage.** Comédie en 2 actes. . . . . 2 »
HARAUCOURT (ED.). **La Passion.** Mystère en 2 chants et 6 parties, en vers. 2 50
— **Don Juan de Manara.** Drame en 5 actes, en vers 2 50
HAUPTMANN (GERARD). **Les Tisserands.** Drame en 5 actes . . . . 4 »
HENNIQUE (LÉON). **Deux patries.** Drame en 5 tableaux, dont 1 de prologue. 2 »
MAETERLINCK. **Monna Vanna.** Pièce en 3 actes . . . . 2 »
— **Joyzelle.** Pièce en 5 actes. 3 50
MENDÈS (CATULLE). **Médée.** Tragédie en 3 actes 3 50
MIRBEAU (OCTAVE). **Les Mauvais Bergers.** Pièce en 5 actes. 3 50
— **L'Epidémie.** Pièce en 1 acte. 1 »
— **Vieux Ménages.** Comédie en 1 acte. . . . . 1 »
— **Le Portefeuille.** Comédie en 1 acte . . . . 1 »
— **Les Affaires sont les Affaires.** Pièce en 3 actes. 3 50
MUSSET (ALFRED DE). **Le Chandelier.** Comédie en 3 actes. 1 50
RICHEPIN (JACQUES). **La Reine de Tyr.** Drame en 4 actes, en vers . . . 2 »
— **La Cavalière.** Comédie en 5 actes 3 50
— **Cadet-Roussel.** Comédie en 3 actes 3 50
— **Falstaff.** Comédie en 5 actes 3 50
RICHEPIN (JEAN). **Par le Glaive.** Edition in-8° . . . . 4 »
— **La Glu.** Drame en 5 actes et 6 tableaux. Edition in-8° . . . . 4 »
— **Nana-Sahib.** Drame en vers, en 7 tableaux . . . . 2 »
— **Le Flibustier.** Comédie en vers, en 3 actes. . . . . 2 »
— **Monsieur Scapin.** Comédie en vers, en 3 actes. Edition in-8° . . . 4 »
— **Le Mage.** Opéra en 5 actes et 6 tableaux . . . . 1 »
— **Vers la Joie.** Conte bleu en 5 actes, en vers. Edition in-8° . . . . 4 »
— **Le Chemineau.** Drame en 5 actes, en vers. Edition in-8° . . . . . . 4 »
— **La Martyre.** Drame en 5 actes, en vers. 3 50
— **Le Chien de garde.** Drame en 5 actes . . . . 2 »
— **Théâtre chimérique.** 27 actes en vers et en prose. 3 50
— **Les Truands.** Drame en 5 actes, en vers. 3 50
ROSTAND (EDMOND). **Les Romanesques.** Comédie en 3 actes, en vers. . 3 50
— **La Princesse Lointaine.** Pièce en 4 actes, en vers. . . . . 2 »
— **La Samaritaine.** Evangile en 3 tableaux, en vers 3 50
— **Cyrano de Bergerac.** Comédie en 5 actes, en vers. 3 50
— **L'Aiglon.** Comédie en 6 actes, en vers 3 50
SHAKESPEARE (WILLIAM). **La Tragique histoire d'Hamlet.** Drame en 5 actes. Traduction de Eugène Morand et Marcel Schwob. 3 50
SILVESTRE (ARMAND) et MORAND (EUGÈNE). **Messaline.** Drame lyrique . 1 »
THEURIET (ANDRÉ) et LOISEAU. **Les Maugars.** Pièce en 4 actes 2 50
ZOLA (EMILE). **L'Ouragan.** Drame lyrique en 4 actes. . . . . 1 »
ZOLA (E.) et GALLET (LOUIS). **Le Rêve.** Drame lyrique en 4 actes et 8 tabl. 1 »
— **L'Attaque du Moulin.** Drame lyrique en 4 actes. . . . . 1 »

Paris. — L. MARETHEUX, imprimeur, 1, rue Cassette. — 7503.

MIRE ISO N° 1

AFNOR 92049 PARIS LA DÉFENSE

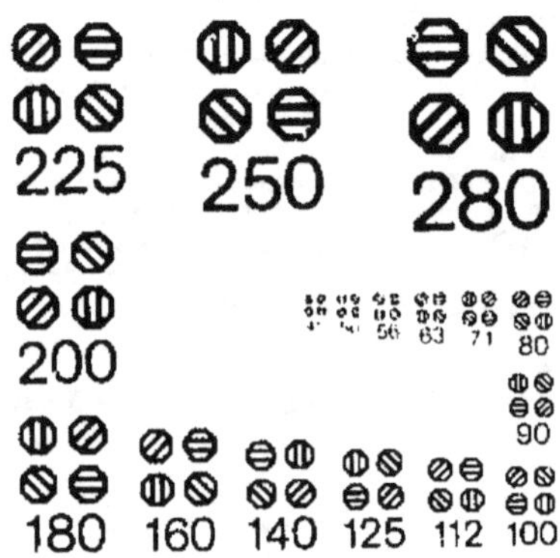

PRODUCTION SCRIPTUM PARIS

en conformité avec NF Z 43-011 et ISO 446:1991

www.ingramcontent.com/pod-product-compliance
Lightning Source LLC
LaVergne TN
LVHW020550230826
846091LV00002B/442

* 9 7 8 2 3 2 9 3 6 4 3 5 3 *